이상하게
피곤한 사람과

안전하게
거리 두는 법

이상하게
피곤한 사람과

안전하게
거리 두는 법

은근한
조종으로부터
내 중심을 되찾는
7단계 연습

데버라 비널 지음ㅡ김유미 옮김

더퀘스트

이상하게 피곤한 사람과
안전하게 거리 두는 법

은근한 조종으로부터 내 중심을 되찾는 7단계 연습

초판 발행 · 2023년 5월 25일

지은이 · 데버라 비널
옮긴이 · 김유미
발행인 · 이종원
발행처 · (주)도서출판 길벗
브랜드 · 더퀘스트
출판사 등록일 · 1990년 12월 24일
주소 · 서울시 마포구 월드컵로 10길 56(서교동)
대표전화 · 02)332-0931 | **팩스** · 02)323-0586
홈페이지 · www.gilbut.co.kr | **이메일** · gilbut@gilbut.co.kr
대량구매 및 납품 문의 · 02) 330-9708

기획 및 책임편집 · 박윤조(joecool@gilbut.co.kr), 이민주 | **편집** · 안아람 | **제작** · 이준호, 이진혁, 김우식
마케팅 · 한준희, 김선영, 이지현 | **영업관리** · 김명자, 심선숙 | **독자지원** · 윤정아, 최희창

디자인 · 유어텍스트 | **교정교열 및 전산편집** · 이은경 | **CTP 출력·인쇄·제본** · 예림인쇄

ISBN 979-11-407-0447-7 03180
(길벗 도서번호 040221)

값 16,800원

독자의 1초까지 아껴주는 길벗출판사

(주)도서출판 길벗 | IT교육서, IT단행본, 경제경영서, 어학&실용서, 인문교양서, 자녀교육서 **www.gilbut.co.kr**
길벗스쿨 | 국어학습, 수학학습, 어린이교양, 주니어 어학학습, 학습단행본 **www.gilbutschool.co.kr**

페이스북 **www.facebook.com/thequestzigy**
네이버 포스트 **post.naver.com/thequestbook**

들어가며

사랑하는 독자에게.

이 책을 통해 당신과 만나게 되어 매우 기쁘다. 그러나 한편으로는 마음이 아프다. 이 책을 집어들었다는 것은 당신이 지금 만족스럽지 않은 관계 속에서 고통받고 있다는 뜻이기 때문이다. 당신은 혼란과 상처와 의심이 뒤섞인 사랑과 이해하기 힘든 애착의 감정 사이에서 고통스러워하고 있을 것이다. 당신이 조종당하고 있다는 사실에 분노와 수치심을 느끼면서도 대체 무엇이 잘못된 것인지 판단조차 할 수 없어서 더욱 힘든 시간을 보내고 있을 것이다.

그러나 당신은 이 책을 읽기로 결정했다. 이는 당신에게 더 나은 삶을 만들어나갈 용기가 있다는 뜻이다. 삶을 변화시키기 위한 출발점에 서 있는 당신에게서 희망과 긍정의 밝은 에너지가 뿜어져 나오는 것이 느껴진다.

내 이름은 데버라 비널Deborah Vinall이다. 나는 심리학 박사이고 결혼과 가족 문제를 상담하는 심리치료사로 일하고 있다. 2004년부터 개인과 부부의 관계를 개선하고, 부모·친척·연인을 포함한 여러 만남 속에서 건강하지 못한 관계로 인해 상처받은 사람들을 치료해왔다. 급성 또는 만성적인 트라우마를 겪는 사람들을 전문으로 상담하며 고통을 극복하도록 돕고 있다. 그들을 치료하는 과정에서 어떤 사람에게는 정서적 학대가 가장 깊은 상처로 남는다는 사실을 깨달았나.

가스라이팅은 정서적 학대 중에서도 특히 교활하다. 가스라이팅은 가스라이터의 주요 행동 패턴일 수도 있지만, 더 일반적으로는 가스라이터가 정서적 학대를 포함해 자신이 저지르는 여러 가지 학대에 대한 책임을 은폐하고 회피하는 수단으로 이용된다. 가스라이팅은 굳어진 행동 패턴으로 나타나기도 하고, 간헐적이지만 건강하지 못한 반응으로 나타나기도 한다. 가스라이팅은 동거하는 커플이나 부모, 자녀, 친구 관계뿐 아니라 교회, 직장, 학교, 그 밖에 규모가 큰 사회·정치 단체에서도 일어난다. 가스라이팅이 어느 곳에서 일어나든, 모든 가스라이팅의 공통점은 상대방이 자기 자신과 자신의 현실을 의심하게 만든다는 것이다.

당신은 이런 관계의 역학을 인식하고, 그런 관계를 끊어내고, 삶을 피폐하게 만드는 가스라이팅의 영향에서 벗어날 수 있는 힘이 있음을 기억하라.

이 책은 객관적으로 증명된 치료법과 풍부한 예시, 삶에 직접 활용할 수 있는 7단계 마음훈련을 통해 자신을 이해하고, 자신감을 얻고, 치유하고, 사회 및 타인과 맺는 관계에서 당신 자신을 되찾도록 도와줄 것이다.

이 책의 목표는 가스라이터를 변화시키는 것이 아니다. 가스라이터가 스스로 내적으로 성장하기를 원하지 않는 한 그들이 달라지리라는 기대는 환상에 지나지 않는다. 당신은 가스라이터와의 관계를 지속할 수도 있고, 그 관계에서 벗어나기로 결정할 수도 있다. 어떤 결정을 하든 스스로 자신을 변화시키려는 의지가 있다면 당신은 그 관계의 역학을 바꿀 수 있다. 지금까지 견뎌온 고통을 치유받고, 자기 자신과 주변 사람들을 명확하게 이해하고, 현재와 미래의 관계를 더 건강하게 발전시켜나갈 수 있다.

이 책을 읽는 동안은 잠시 일상을 멈추고 깊이 생각할 시간을 가져보라. 그리고 되도록 순서대로 읽어나가길 권한다. 그러면 1부의 기초적인 개념 설명부터 2부의 구체적인 7단계 마음훈련까지 차근차근 제대로 익힐 수 있을 것이다. 간단한 연습을 해나가면서 내면에서 일어나는 반응과 피드백에 주목해보라. 과거의 기억들이 몰려와 지나치게 흥분하거나 압도되는 감정이 들 수도 있다. 긴장을 풀고, 잠시 멈추고, 휴식을 취하고, 심호흡을 하라. 계속 성장하고 치유될 시간은 충분하다. 준비가 되면 숨을 고르고 다시 시작하라.

차례

치유와 변화로 가는 첫걸음은 삶에서 어떤 일이 벌어지고 있는지를 확인하고 인정하는 것이다. 가스라이팅은 무엇이며, 가스라이터의 일반적인 전략은 무엇인지, 다양한 형태의 정서적 학대가 어떤 영향을 끼치는지 살펴보자.

1부

나한테 문제가 있나
자꾸 의심하게 될 때

: 가스라이팅과 정서적 학대

1장

그 사람만 만나면 작아지고 혼란스러워요

가스라이팅 제대로 알아차리기

가스라이팅은 당신이 자신의 인식과 기억을 의심하게 만드는 조작과 속임수, 통제의 한 형태를 말한다. 가스라이터는 자신의 목적과 계획에 가장 유리하게끔 세상의 모습을 꾸미고 조작한다. 가스라이터가 사용하는 전략을 살펴보면서 가스라이팅의 개념을 더 자세히 이해해보자. 또 가스라이터의 공통적인 특징을 살펴보고, 체크리스트를 통해 당신이 가스라이팅을 당하고 있는지 판단해보자.

가스라이팅이란 무엇인가?

영화는 어슴푸레한 회색빛 장면으로 시작된다. 벨라는 눈앞에서 하녀
와 시시덕거리는 모습을 보인 남편 폴에게 자신의 수치스러운 감정을
조심스럽게 표현한다. 그러나 폴은 "당신이 상상으로 만들어낸 얘기
라는 걸 당신이 너무 잘 알잖소, 여보"라고 차갑게 질책하면서 우리가
목격한 장면을 단호하게 부정한다.

　1940년에 개봉한 영화 〈가스등Gaslight〉의 이 장면은 당시에는 이
름도 없었던 정서적 학대의 한 형태를 보여준다. 뒷날 이 영화의 제
목을 따 이런 학대를 '가스라이팅'이라고 부르게 되었다. 영화에서
폴은 자신의 계산된 목적을 위해 아내 벨라가 보고 들은 것들을 냉
정하게 부정하면서, 정신이 온전하지 않다고 벨라를 몰아세운다.
벨라의 집 안에 숨겨진 재산을 차지할 속셈으로 벨라는 기억하지
도 못하는 잘못을 했다며 그녀를 거짓 비난하고 결국은 정신병원
에 가두기까지 한다. 폴이 숨겨진 보석을 찾기 위해 이층을 돌아다

닐 때 벨라는 거실의 가스등이 희미해지는 것을 알아차린다. 석탄 연료를 함께 사용하는 다른 곳의 전등이 켜져 있다는 증거였지만, 폴과 하녀는 폴이 그때 집 안에 없었고 모든 것이 벨라의 상상이라고 주장한다. 나중에 가스라이팅은 이처럼 '사람을 제정신이 아니라고 몰아가는' 거짓말과 행동을 의미하는 단어로 쓰이게 되었다.

가스라이터는 심리적 통제의 일반적인 패턴을 따른다. 그들은 당신이 분명히 본 것을 부정하고, 근거 없는 비난을 하고, 하지 않은 잘못을 했다고 가정해서 벌을 준다. 그러면서 당신이 정상이라는 사실이 주변 사람들에게 알려지지 않도록 상황을 통제한다. 그 결과 피해자는 가스라이터의 패턴을 인식하고 거기에 맞서 단호하게 경계를 설정하거나 가스라이터에게서 벗어날 수 있도록 도와줄 협력자와 단절된다. 이런 행동은 가스라이팅의 2차 피해자를 만들어낸다. 가스라이터는 대부분 자제력과 카리스마가 있는 것처럼 보이기 때문에 목격자는 가스라이터의 언변에 쉽게 회유당하고, 자신이 목격한 것을 스스로 무시하게 된다.

가스라이터는 흔히 "너무 감정적이다" "제정신이 아니다" "히스테리가 심하다" "건망증이 있다" "새빨간 거짓말쟁이다"라는 말로 당신을 몰아세운다. 가스라이터는 이런 비난을 통해 사람들이 자신의 행동에 관심을 두지 못하도록 한다. 당신에게 붙여진 거짓 꼬리표들은 당신이 실제로 경험하는 것과 가스라이터의 설명이 일치하지 않는 이유를 설명해준다. 그들은 논쟁의 여지를 아예 없애버린다. 어떠한 반박도 가스라이터가 만들어낸 히스테리나 정신이상의 프레임에 흡수되기 때문이다. 당신은 자신에게 중요한 그 사람을 따를지 아니면 자신의 직감이나 감각을 믿을지 선택해야 하는 상황에 놓인다.

'가스라이터'는 병리학적 진단 용어는 아니지만, 지속적으로 이런 행동 패턴을 보이는 사람을 지칭할 때 많이 사용된다. 가스라이터는 나르시시즘이나 소시오패스 같은 인격장애personality disorder나 지속적인 부적응 행동 패턴을 보이는 경우가 많다. 모든 행동이 그렇듯이 가스라이터의 이런 행동 패턴에도 그 행동을 유발하는 욕구와 동기가 있기 마련이다. 이에 관해서는 앞으로 가스라이터의 다양한 유형을 분석할 때 다룰 것이다. 지금은 누군가에게 '제정신이 아니다'라는 꼬리표를 붙이는 그들 자신이야말로 아이러니하게도 심각한 수준의 정신병리학적 증상을 가진 경우가 많다는 사실만 기억해두자.

물론 이를 알더라도 당신은 가스라이터에게 영향을 받아 '내가 좀 정신이 나간 건 아닐까?' 하고 정말로 스스로를 의심할 수 있다. 그들은 당신이 정말 가스라이팅을 겪고 있는지 판단하기 어렵게 만든다. 이 중요한 질문에 대한 답을 얻기 위해 다음 체크리스트에 답해보자.

정말 가스라이팅일까?

당신이 겪고 있는 것이 정말 가스라이팅일까? 이 질문에 대답하기가 어려운 이유는 가스라이팅이 본래 당신 자신과 당신의 직감을 의심하게 하기 때문이다. 이런 경우 때로는 객관적인 진단 도구가 도움이 된다. 당신의 직감을 믿고 다음 질문들에 최대한 솔직하게 대답해보자.

해당되는 문항에 체크하라.

☐ 내 기억이 정확한지 스스로 되물을 때가 많은가?

☐ 내 감정을 신뢰할 수 없다고 느끼는가?

☐ 다른 사람들이 내가 말하는 진실을 믿지 않을까 봐 두려울 때가 많은가?

☐ 어떤 사건에 대해 내가 기억하는 내용을 사람들이 틀렸다고 할 때가 많은가?

☐ 대부분의 갈등, 또는 모든 갈등이 내 잘못이라고 느끼는가?

☐ 그 사람과 이야기하고 나면 내가 '좀 이상한' 것처럼 느껴지는가?

☐ 그 사람이 나에게 "너무 감정적"이라는 말을 하거나 그런 눈치를 주는가?

☐ 그 사람과 대화할 때 이유는 알 수 없지만 내가 열등하거나 보잘것없다고 느끼는가?

- [ ] 그 사람이 내게 당연하다는 듯 자신의 권위와 지위를 강조하는가?
- [ ] 그 사람이 내 감정과 경험을 깎아내리고, 과소평가하고, 비웃고, 무시하고, 평가절하하는가?
- [ ] 그 사람이 지속적으로 자신의 성과는 치켜세우면서 내 성과는 깎아내리는가?
- [ ] 그 사람이 절대로 자신의 잘못을 인정하려 들지 않는가?
- [ ] 그 사람을 만나고 나면 나에게 무슨 문제가 있는 것은 아닌가 하는 의심이 드는가?
- [ ] 상황이 정말 보이는 것만큼 나쁜지 스스로 되묻게 되는가?

이 질문 중에서 10개가 넘는 항목에 '그렇다'라고 대답했다면, 당신을 정서적으로 학대하는 가스라이터와 해로운 관계를 맺고 있다고 볼 수 있다.

8점에서 10점 사이의 점수가 나왔다면, 상당히 심각한 수준의 가스라이팅을 당하는, 건강하지 못한 관계를 맺고 있을 가능성이 크다.

6점에서 8점 사이의 점수가 나왔다면, 삶 속에 때때로 당신을 가스라이팅하는 누군가가 있을 수 있다.

6점 미만의 점수가 나왔더라도 당신과 깊이 연관되는 항목이 있다면, 과거에 누군가에게 가스라이팅이나 다른 정서적 학대를 당했을 가능성이 크다. 2부 '7단계 마음훈련'은 당신이 자신감을 얻고 건강한 관계를 만들어나가는 데 도움을 줄 것이다.

체크리스트에서 당신이 실제 경험한 것들을 발견하고는 감정을 인정받는다고 느꼈을 수도 있고, 반대로 불안·혐오·공포 같은 암울한 기분을 느꼈을 수도 있다. 문제를 인식함으로써 변화가 시작될 수 있다는 희망의 싹을 발견했을 수도 있다. 어떤 감정을 느꼈든 그것에 주목하라. 당신이 느낀 감정은 타당하다. 당신의 감정과 인식은 중요하고, 믿을 만하다.

가스라이팅 행동 알아차리기

바냐는 남자친구를 믿을 수가 없었다. 남자친구는 그런 바냐에게 계속 화를 내면서 '의심병'을 고쳐야 한다고 몰아세웠고 결국 바냐는 심리치료실을 찾아왔다. 남자친구는 걸핏하면 그녀가 다른 남자들에게 꼬리를 친다며 비난하기도 했다. 그러다 보니 바냐는 동료들과 대화를 하다가도 자신에게 이상한 의도가 있는지 스스로 의심하게 되었다. 급기야 남자친구는 두 사람이 모두 알고 지내는 친구들과 함께 있는 자리에서 바냐에게 '바람기'가 있다는 말까지 했다. 바냐는 당혹감과 수치심을 느꼈고 사람들과 만나는 것을 피하는 지경에 이르렀다.

두 사람이 집에 있을 때 남자친구는 바냐가 보지 못하게 휴대폰을 가린 채 오랜 시간 누군가와 메시지를 주고받았다. 그런데도 바냐는 못 본 척하려고 애썼다. 그러던 어느 날 바냐는 캠핑하러 가던 중 자동차 캐비닛에서 콘돔을 발견했다. 남자친구는 "그냥 만약의 경우에 대비한 것"이라고 둘러댔고, 바냐는 더 따지지 않았다. 얼마 후에 바냐는 콘돔 개수가 줄어든 것을 보고 남자친구에게 얘기했다. 그러자 남자친구는 웃으면서 이상한 상상을 한다며 바냐를 몰아갔다. 그때부터 바냐는 그의 말이 맞고 자신이 이상한 것이 아닐까 하고 스스로를 의심하기 시작했다.

두 사람은 만나면 즐거운 시간을 보냈고 성적으로 잘 맞았다. 그런데 왜 기분이 석연치 않은 것일까? 바냐는 자신에게 문제가 있는 것이 분명하다는 결론을 내리고는 그녀가 정신적인 문제를 지적하는 남자친구의 말이 맞을 수도 있다고 생각했다. '나는 지금까지 우울증과 불안을 겪어왔어. 어쩌면 내가 정말 미친 건지도 몰라.'

가스라이팅의 굴레에서 벗어나는 첫 단계는 그 문제에 이름을 붙이는 것이다. 정신과 의사 대니얼 시겔Daniel Siegel의 유명한 말을 인용하면, "길들이려면 이름을 붙여야 한다You've got to name it to tame it". 강렬한 감정을 불러일으키는 경험을 표현할 적절한 언어를 발견할 때, 우리 뇌에서 활성화되는 영역이 달라진다. 이전까지 반응적이고 감정적인 뇌 영역이 활발했다면, 이름을 붙인 뒤에는 문제를 더 잘 해결할 수 있는 분석적이고 논리적인 뇌 영역이 활성화되는 것이다. 현재 상황에 가스라이팅이라는 이름을 붙임으로써, 당신이 통제할 수 없다고 느끼도록 교묘하게 조작된 상황에서 스스로의 통제감을 회복하는 첫발을 내딛는 것이다.

지금까지 이야기한 내용만 봐도 바냐가 어떻게 가스라이팅을 당하고 있는지 알 수 있을 것이다. 이 예시에서 상황에 이름을 붙이는 일이 가스라이팅으로부터 자유를 찾는 열쇠라는 사실이 더 명확해진다. 이미 가스라이팅에 길들여져 있다면 이름 붙이기가 훨씬 어려울 수 있다.

어쩌면 당신은 기억할 수 있는 가장 오래된 과거부터 지속적으로 당신을 가스라이팅해온 부모 밑에서 자랐을지도 모른다. 또는 자주 당신을 좌절시키고 스스로를 의심하게 하는 친구, 당신이 분명히 하지 않은 잘못을 반복적으로 지적하는 상사가 주위에 있을 수 있다. 당신이 속한 종교 공동체가 외부인들에게 고결한 이미지를 보이기 위해 '사소한 선의의 거짓말'을 강요하거나 당신이 직접 목격한 것을 부인하게 할지도 모른다. 당신이 사는 국가나 지역의 정치가나 공인이 빈번하게 현실을 부정하는 말을 해서 당신이 안다고 생각했던 것과 당신이 들은 것의 차이를 구분하기 어려워질 수도 있다. 이런 모든 경험은 정신적 균형감각을 잃게 만든다. 이 모든 시나리오가 가스라이팅에 포함된다. 하나의 공통적인 가스라이팅 공식은 없다.

이처럼 가스라이팅의 양상이 다양하다면, 나에게 가스라이팅이 일어나고 있는지 어떻게 알 수 있을까? 지금까지 배운 것을 되짚어보고, 질문에 대한 답을 확인하고, 조용히 내면의 소리를 들어보자. 당신의 직감이 뭐라고 속삭이는가(아니면 외치는가)? 당신이 느끼는 감각들이 당신에게 무슨 말을 하는가? 잠시 멈추고 몸을 훑어보

자. 어딘가 긴장하거나 조여드는 곳이 있는가? 복부에 뭉친 부분이나 호흡이 얕아진 것이 느껴지는가? 어깨가 굳어 있거나, 위로 솟아 있거나, 앞으로 구부러져 있는가? 목구멍이 조여드는 것 같은가? 이마나 눈 주위 또는 입 주변이 긴장되어 있는가? 팔이나 다리가 뻣뻣한가?

눈을 감고 지금 느낌에 주목해보자. 긴장한 곳을 발견하면 멈춰서 그곳에 주의를 집중하라. 내면에 귀 기울이면서 어떤 일이 일어나는지 살펴보라. 당신이 느끼는 감각, 곧 가장 원초적인 지혜가 이끄는 직관적인 지식을 기꺼이 받아들이고 그 직감을 신뢰하라.

자신이 가스라이팅당하고 있다는 의심이 드는가? 그렇다면 당신은 지금 실제로 가스라이팅을 당하고 있을 가능성이 크다.

인격장애의 유형

나는 인신매매를 당하고 살아남은 많은 생존자를 치료해왔다. 그들을 그런 상황으로 내몬 인신매매범들은 대부분 자신이 남자친구나 보호자라고 말하는 착취자들이었다. 인신매매범들은 다른 사람들이 자신을 위해 '일'하게 만들고 그들을 갈취하기 위해 칭찬, 관심, 선물, 격렬한 분노, 수치심, 모욕, 인간성 말살, 자기연민, 요구, 폭력, 가스라이팅, 조종 같은 복합적인 전략을 사용한다.

인신매매범들은 반사회적 인격장애^{antisocial personality disorder,}

APD(타인의 권리를 대수롭지 않게 여기고 침해하며, 반복적인 범법행위

나 거짓말, 사기성, 공격성, 무책임함을 보이는 인격장애 – 옮긴이)를 가

진 사람들의 전형적인 예로, 타인의 행복에 대해 사악할 정도로 무

관심한 것이 특징이다. 그들은 습관적으로 거짓말을 하고, 사기를

치고, 법을 무시한다. 반사회적 인격장애 환자들은 자기애성 인격

장애^{narcissistic personality disorder, NPD}나 연극성 인격장애^{histrionic personality}

^{disorder, HPD}, 경계선 인격장애^{borderline personality disorder, BPD} 같은 다른

B군 인격장애(타인에게 부정적인 영향을 주는 심리장애로서, 정서가 극

단적이고 기복이 심해 주변 사람들이 심리적으로 매우 취약해진다 – 옮긴

이) 환자들과 마찬가지로 흔히 가스라이팅 전략을 기본적인 상호

작용 방식으로 사용한다. 각각의 유형은 권력, 존재감, 흥분, 애정

에 대한 욕망을 충족시키기 위해 타인을 조종하고 통제하는 데 가

스라이팅을 이용한다. 가스라이팅의 빈도와 고의성은 유형에 따라

다른데, 자기애성 인격장애가 가장 계산적이고, 경계선 인격장애가

가장 반응적^{reactive}(구체적 사건이나 상황, 상대에 따른 반응으로 발생한

다는 의미 – 옮긴이)이다. 인격장애 환자들의 행동 패턴은 쉽게 바꿀

수 없을 만큼 뿌리 깊고 광범위하다. 인격장애는 흔히 어린 시절에

오랜 기간 방치, 욕설, 학대를 겪으면서 이를 적응적으로 해결하지

못한 결과로 나타난다. B군 인격장애 환자 내면의 정신적 상처에

연민을 느낄 수는 있지만, 그들의 학대를 견디고 사랑으로 그들을

치료할 수 있다는 생각은 말 그대로 환상일 뿐이다. 그들 자신이 변화의 필요성을 인식하고 적극적으로 변화를 추구하지 않는 한, 누구도 그들을 변화시킬 수 없다. 유일하게 적절한 대응법은 그들과의 내적 또는 외적 관계로부터 당신을 보호할 견고한 경계를 설정하는 것이다.

인격장애 환자들만 남을 조종하는 것은 아니다

상대를 판단할 때 인격장애 유형이 참고가 될 수는 있겠지만, 당신(그들은 만나지 않은 심리치료사 역시)이 그들을 진단하는 것은 불가능한 일이다. 가스라이터와 B군 인격장애 환자는 겹치는 특성이 많지만, 안타깝게도 인격장애가 없는 사람 중에도 타인을 조종하는 성향이 있는 사람은 흔하다. 당신 자신의 치유가 목적이라면 진단명은 중요하지 않다. 중요한 것은 그들의 행동이 정상적이지 않다는 사실을 인식하는 것이다.

가스라이팅은 다양한 병리학적 증상이나 진단되지 않는 장애 때문에 발생할 수 있다. 따라서 가스라이터의 행동 양상 또한 다양하다. 그들은 대부분 다른 사람들에게는 자신을 매력적으로 보이게 하고 당신만 그들의 어두운 측면을 볼 수 있게 하는 데 탁월하다. 그 자체가 가스라이팅의 일부다. 당신이 왜 자기만 그들과 갈등을 일으키는지 스스로 의문을 품게 하기 때문이다. 그로 인해 스스로에게 문제가 있다는 잘못된 결론을 내리기 쉽다. 만일 그들의 어떤 특성과 패턴이 인격병리적 증상과 일치한다는 것을 자각했다면, 자기비난에서 벗어나야 한다. 당신은 잘못이 없다. 당신이 할 일은 자신을 보호하고 치유를 시작하는 것뿐이다.

성별, 사회, 힘의 불균형

누구나 가스라이팅을 할 수 있고 누구나 가스라이팅을 당할 수 있다. 가스라이팅은 동성 간의 관계, 부모와 자녀, 일터, 종교단체, 심지어 정치적 리더십 관계에서도 발생한다. 다만 이 모든 관계에서 가스라이터가 추구하는 한 가지 일관된 특징은 힘과 통제권이다. 힘과 통제권을 만들고 유지하는 것이 가스라이터의 주요한 목표이기 때문이다.

더 전통적인 사회적 젠더구조도 가스라이팅 방식에 영향을 끼칠 수 있다. 역사적으로 남성은 권위와 존중을 추구하도록 사회화되고, 감정은 어린 시절부터 경시되거나 묵살되는 경우가 많았다. 이런 패턴은 남자는 강하고 지배적이어야 한다는 통념과 결합되어 남성이 가스라이팅을 통해 힘과 통제를 추구할 수 있는 발판을 만들어왔다. 반대로 여성은 전통적으로 사람들과의 관계와 성적 특성에서 자신의 가치를 찾도록 배웠고, 욕구를 적극적으로 표현하지 않도록 사회화되었다. 타인을 조종하려는 책략은 흔히 그 틈새를 파고들어 여성을 공격한다. 가스라이팅은 그 공격의 해로운 결과 중 하나일 수 있다.

가스라이팅은 위계적 규범을 수용하는 사람들과 환경에서 활성화된다. 미시간대학교의 사회학자 페이지 스위트Paige Sweet는《미국 사회학 평론American Sociological Review》에서 가스라이팅은 근본적으로 젠더구조 같은 사회적 불평등에 뿌리를 두고 있으며 그러한 권력구조를 강화하는 원인이라고 주장한다. 가스라이팅은 지배적 위치에 있는 사람들을 옹호함으로써 누군가가 억압당하는 상황에 대한 관심을 다른 곳으로 돌리는 데 이용되기도 한다. 예를 들어 타이론이 폴에게 인종차별적 농담을 했다며 지적하면 폴은 "그냥 농담한 거야. 뭘 그렇게 예민하게 받아들여. 다들 농담인 줄 알잖아"라며 두루뭉술 넘어가려고 할 수 있다. 더 나쁜 경우는 자신이 인종차별적인 말을 하지 않았다고 잡아떼거나 심지어 인종차별이 존재하지도 않는 것처럼 반응해서 타이론의 불쾌한 기분을 묵살하는 것이다. 가스라이팅은 불평등한 사회나 관계에서 소외된 계층을 희생시키고 특권층의 경험을 중요시한다.

비슷한 맥락에서 부모가 "난 절대로 그렇게 말한 적 없어" "난 절대로 그런 행동을 하지 않아" "우리는 행복한 가족이야"라는 말로 자녀의 경험을 부정할 수 있다. 상호의존적인 가족 구성원들은 행복한 가정의 이미지를 유지하기 위해 눈에 빤히 보이는 문제들을 공개적으로 축소하고 피해자를 비난하면서 부모 편을 들기도 한다. "안토니오는 자기감정을 다스리는 법을 배워야 해. 안토니오가 그렇게 성질을 부리지 않았다면 혼날 일도 없었을 텐데" 같은 식이다.

많은 트랜스젠더가 성장하면서 가스라이팅을 경험한다. 사람들은 "그냥 한때일 뿐이야"라는 말로 그들의 성 정체성을 정신적 질병의 징후나 반항적인 행동으로 왜곡한다. 심지어 성전환에 성공한 사람도 주변 사람들이 그가 원하는 성별의 인칭대명사를 사용하지 않거나 반복적으로 '잊어버릴 때' 가스라이팅에 직면한다. 마찬가지로 동성애자인 청년에게 곧 '동성애에서 벗어나' 이성애 중심의 삶을 수용하게 될 것이라고 말하는 것도 가스라이팅의 한 형태다.

가스라이팅의 표면 아래에서 작동하는 젠더구조 및 다른 권력구조에 대한 인식은 삶에서 일어나는 가스라이팅을 알아차릴 때 매우 중요한 역할을 한다. 당신은 인식할 수 있는 것만 통제할 수 있고 어떻게 반응할지 선택할 힘을 갖기 때문이다.

가스라이터의 다양한 유형

모든 가스라이터가 똑같지 않다는 사실을 알아야 한다. 당신의 경험이 몇 가지 예와 다르다고 해서 자신의 경험을 무시하는 실수를 해서는 안 된다. 가스라이팅의 본질은 타인을 조종하는 일이다. 다양한 가스라이터가 다양한 목적으로 가스라이팅할 수 있음을 기억하라.

가학적인 가스라이터

당신이 가학적인 가스라이터와 관계를 맺고 있다면 가스라이팅을 쉽게 식별할 수 있을 것이다. 가학적인 가스라이터는 당신에게 의도적으로 가혹행위를 하고 의식적으로 당신의 자기감sense of self을 겨냥한다. 그들은 당신이 자기 자신을 의심하게 만드는 데서 음습한 쾌감을 느끼고 힘을 휘두르며 당신을 통제한다. 또한 단지 관중을 즐겁게 하거나 힘을 과시하려는 속셈으로 당신이 어떤 심리적 영향을 받든 노골적으로 무시함으로써 당신을 가스라이팅하기도 한다.

타인의 감정과 권리에 대한 그들의 적대감은 매우 충격적이지만, 이런 수준의 반사회성을 보이는 사람은 전체 인구의 4퍼센트가 채 되지 않는다. 그렇지만 《파트너 폭력Partner Abuse》이라는 저널에 발표된 한 연구논문에 따르면 80퍼센트에 이르는 사람이 인생의 어느 시점에 정서적 학대를 경험하며, 여기에는 종종 가스라이팅이 포함된다. 명백히 소시오패스들만 가스라이팅을 하는 것은 아니라는 뜻이다.

자기애성 가스라이터

자기애성 가스라이터는 강박적으로 자기 자신에게 초점을 맞추는 데 몰두한다. 그들만의 관점에서 타인은 그들을 추앙하거나 칭찬하기 위해 존재한다. 그들은 자신이 중요하지 않은 존재일까 봐 두려워하는 나약한 진심을 감추고 자신의 위대함을 인식시키는 데 엄청난 에너지를 소모한다. 자신감이 부족하기 때문에 자신의 연약한 자아를 손상시키는 사람을 맹렬하게 비난한다.

그들은 자존감이 매우 낮기 때문에 자신의 잘못을 인정하는 대신 오히려 사건의 전말을 바꾸려 든다. 자신이 틀렸거나 잔인하거나 부당한 존재가 되는 것을 용납하지 못하므로 일을 오해하거나 잘못이 있는 쪽은 당신이라고 말한다. 당신이 분명히 기억하는 일을 애당초 일어나지 않은 것으로 만들 수도 있다. 일단 사람들이 그런 왜곡을 받아들이고 나면 자신이 완벽하지 않은 존재라는 사실이 드러나는 것에 대한 두려움이 줄어들기 때문이다.

방어적이고 불안정한 가스라이터

방어적이고 불안정한 가스라이터는 어려운 상황에서 벗어나거나 자기 행동의 결과를 회피하기 위해 가스라이팅을 이용한다. 일례로 부모가 자녀에게 폭언을 퍼붓고 후회하면서도 자신의 잘못을 인정하지 않는다거나, 친구의 뒷담화를 하고서 그 친구가 항의하면 뒷담화한 사실을 부인하는 경우를 들 수 있다. 그들은 자아가 불안해서 자신이 실수하기 쉬운 존재라는 사실을 직시하지 못하고 숨기려 든다. 자신의 엉망인 모습이 드러날 때 다른 사람에게 분노나 비난, 외면을 받을까 봐 두렵기 때문이다. 그들은 자신의 불완전함을 인정하기보다는 타인을 가스라이팅하며 자신이 수용할 수 있는 현실을 만들어내고 자기감에 금이 가는 일을 막는다.

우발적인 가스라이터

병리학적 진단을 받지는 않았지만 기억장애가 있는 사람과의 관계에서도 가스라이팅을 경험할 수 있다. 우발적인 가스라이터는 악의는 없지만 지속해서 당신이 현실과 기억을 의심하도록 만든다는 점에서 일반적인 가스라이터와 비슷한 방식으로 당신을 혼란스럽게 한다. 그들의 기억장애는 남의 말을 듣는 훈련이 안 되어 있거나, 수면 부족이거나, 지나치게 바쁜 일정에 쫓기거나, 정신적인 질병·뇌 병변·치매가 있어서 발생했을 수 있다. 우발적인 가스라이터가 자신의 기억장애를 인식하거나 인정하면 관계 문제가 훨씬 쉽게 해결될 수 있다. 그러나 기억장애가 실수를 인정하지 않는 방어적인 태도나 자기애 성향과 결합되면 관계에 심각한 문제가 생기고 만다.

당신은 치유될 수 있다

가스라이팅이 일어나는 관계의 특성이 무엇이든, 가스라이팅을 일으키는 인격장애가 어떤 것이든, 또 당신이 얼마나 오랫동안 가스라이팅에 억압당해왔든 당신은 치유될 수 있다. 가스라이팅의 패턴과 맥락은 여러 가지일지 몰라도 치유와 자유로 가는 길은 비슷하다. 당신은 그 길을 걸을 힘이 고갈되었다고 느끼고 좌절할지도 모른다. 그러나 이 책을 펼치고 용기 있게 질문의 답을 고민하는 것만으로도 당신은 이미 가스라이팅이라는 사슬을 끊어내기 시작했다. 당신은 힘을 회복하고 있고 자유로워지고 있다.

2장

자꾸만 선을 넘고 함부로 구는 사람들

가스라이터의 전략 파헤치기

이제 전형적인 가스라이터의 행동 패턴을 살펴보자. 옆에 노트를 두고 가스라이터의 전형적인 행동 패턴이 당신이 경험한 행동 패턴과 어떻게 연결되는지 기록하는 것도 도움이 될 것이다. 객관적 사실에 기반을 둔 정보와 내면에서 일어나는 반응을 모두 관찰하고 수용하라. 이러한 이중 인식dual awareness은 당신이 처한 상황을 통합적으로 이해하고 내면을 치유하는 데 매우 중요하다.

그들은 왜 가스라이팅을 할까?

가스라이팅은 근본적으로 남을 조종하는 행동이다. 누군가를 조종하는 이유는 상대방의 인격을 소중히 여기기보다 상대를 이기거나 자신의 목적을 달성하기 위해서다.

많은 사람이 자신이 불안하기 때문에 누군가를 조종한다. 가스라이터들 중에는 본질적으로는 선한 목적을 가지고 있지만, 건강한 방식으로 자신의 필요와 욕구를 주장하면서 타인과의 관계를 키워나갈 사회적 능력이 부족하고 자존감이 낮은 사람이 많다. 그들은 자신이 버려지거나 사랑받지 못하게 될까 봐 두려워 건강한 관계의 패턴을 수용하지 못한다.

원하는 것을 얻으려는 지나친 욕망 때문에 가스라이팅을 하는 경우도 있다. 그들은 타인을 지배함으로써 자존감을 충족한다. 겉으로 드러나는 자신의 이미지를 중요하게 생각하고, 자신이 거부당하거나 소외당한다는 타인의 시선을 수용하지 못하기 때문에 누군가를 조종해서 자신과 관계를 맺게 만든다. 그들은 또한 자신의 개인적 목적에만 관심이 있어서 타인을 독립적인 존재로 보지 못한다. 이런 행동 패턴은 당신에게 해로운 관계임을 알려주는 명백한 경고 신호다.

타인을 조종하기 위한 행동

가스라이터의 몇 가지 구체적인 전략을 살펴보자. 가스라이터의 유형과 병리학적 증상의 정도에 따라 그들의 모든 전략이 명확하게 드러나지 않는다는 점에 유의해야 한다. 많은 가스라이터가 칭찬과 과도한 몸짓으로 당신의 평정심을 흔들어놓지만, 결국 당신에게 등을 돌리고 신뢰감을 무너뜨릴 것이다.

거짓말하고, 과장하고, 사실 왜곡하기

가스라이터는 병적인 거짓말쟁이들이다. 가스라이터는 표면적으로는 서로 다른 목적이 있지만, 타인을 심리적으로 통제하기 위해 다양한 방식으로 거짓말을 한다는 공통점이 있다. 그들은 당신과 외부 사람들 모두에게 자신이 한 행동을 부인한다. "나는 너를 때린 적이 한 번도 없어! 앞으로도 그럴 일은 절대로 없을 거야!" "그 여자가 혼자 실수로 넘어진 거야. 원래 허당이잖아." 가학적인 가스라이터나 방어적인 가스라이터는 이런 거짓말로 자신의 행동을 부인함으로써 자신을 보호한다.

타인의 주목을 받기 위해 거짓말을 하기도 한다. 특히 자기애성 가스라이터의 경우 그런 성향이 강하다. 그들은 "나는 역사상 대학이 준 최고 학점을 받았어!" 같은 말로 성과를 부풀리며 과장된 거짓말을 한다. 때로는 유명인과의 관계를 떠벌리면서 거들먹거리기도 한다. 사람들의 관심을 자신의 실패에서 다른 곳으로 돌리고 동정과 관심을 얻기 위해 "나보다 더 심하게 괴롭힘을 당한 사람은 없을 거야" 같은 말로 자신이 받은 피해를 부풀리기도 한다.

이런 믿기 어려운 이야기가 쌓이면 그 거짓말쟁이를 언제 믿어야 하고 믿지 않아야 할지 판단할 수 없게 된다. 가스라이터에게 길들여져서 자신의 직감을 의심하고 오히려 믿을 가치가 없는 가스라이터를 신뢰하게 될 수도 있다.

가스라이터는 자신의 과장된 이야기에 색을 입히기 위해 대수롭지 않은 사건들을 이용하기도 한다. 팬의 기름에 붙은 작은 불이 화염에 휩싸인 부엌으로 둔갑한다. 명백하게 과장된 거짓말이지만, 당신이 그 말에 의문을 제기하지 않고 수용하면 가스라이터는 거짓말에 자신감을 얻는다. 왜곡된 현실을 제시해서 상대방이 믿게 하는 데 성공할 때마다 그들은 지배력을 더욱 확고하게 굳힌다. 이런 이야기가 반복되면 당신은 부엌에 붙은 불길이 점점 더 거세지는 광경을 실제로 본 것처럼 기억하게 될 수도 있다.

가스라이터의 뻔뻔한 거짓말은 이중의 목적이 있다. 첫째, 당신이 거짓말을 어디까지 수용하는지 떠본다. 둘째, 당신이 수용할 수 있는 거짓말의 범위를 확장한다. 흔히 가스라이터와 함께 사는 것을 '소방 호스로 거짓말을 들이켜는' 일이라고 표현하기도 한다. 거짓말이 너무 빨리 이어져서 그 말이 진실인지 아닌지 검토할 시간도 없이 다음 거짓말에 압도된다는 뜻이다. 이처럼 상대방의 '정신적 균형을 흔들어놓는 것'이 그들의 목표다.

비교하고 깎아내리기

쿠엔틴이 엄마에게 최근에 받은 성적을 알려줄 때마다 엄마는 곧바로 쿠엔틴 형의 성적을 언급했다. 쿠엔틴이 힘들다고 할 때도 마찬가지였다. 엄마는 항상 형이 쿠엔틴보다 얼마나 더 열심히 노력했는지 예를 드는 것으로 답했다. 엄마는 단지 주의를 다른 데로 돌렸을 뿐 쿠엔틴의 말을 부정한 것은 아니었다.

쿠엔틴은 막연한 죄책감을 느끼고 감정을 억누르려고 애썼지만 끓어오르는 분노와 형을 향한 미움에 휩싸였다. 그리고 자기가 정말 화를 낼 권리가 있기는 한 것인지, 자신의 성적이 정말 칭찬받을 만한 것인지 의심하기 시작했다.

가스라이터는 당신의 성취를 다른 사람의 성취와 비교하고, 의미를 축소하거나 주의를 다른 데로 돌리며 당신의 성취를 훼손한다. 특히 자기애성 가스라이터는 자신이 생각하는 스스로의 위대

함을 과시하거나, 불행을 강조하거나 부풀림으로써 강박적으로 사람들의 관심을 자신에게 집중시키려고 한다.

이처럼 사건의 전말을 조작하는 방식으로 가스라이터는 은밀한 지배력 획득 경쟁에서 우위를 유지한다. 당신은 손에 닿을 듯 가까이 있지만 결코 잡히지 않는 가스라이터의 관심과 인정, 보상을 끊임없이 갈망하게 된다. 가스라이터에게 인정받으려는 당신의 욕구는 그의 자의식을 충족시키고, 그가 '결정권이 자신의 손안에 있다'고 느끼게 만든다. 당신이 간절히 원하지만 아직 갖지 못한 것이 있는 한, 당신은 더 많은 것을 얻기 위해 그에게 돌아올 것이다. 가스라이터는 바로 그것을 노린다.

가스라이터가 다른 사람에 대해 말하는 방식

아버지가 화가 나서 동생 나이절을 때리면 그날 밤 엄마는 네이선에게 이불을 덮어주면서 온종일 나이절이 못되게 구는 바람에 집안 분위기가 엉망이라 미안하다고 말했다. 네이선은 온화하고 다정한 엄마를 신뢰했지만 자기를 달래주려는 엄마의 말은 어쩐지 받아들이기 힘들었다. 네이선은 고개를 끄덕이며 아빠는 좋은 사람이고 나이절이 나쁘다는 엄마의 전제를 받아들였다. 그러나 옆 침대에서 곤히 잠든 동생의 모습을 바라볼 때면 죄책감 같은 감정을 느꼈다.

가스라이터는 자신의 행동에 대한 주의를 다른 곳으로 돌리기 위해 다른 사람의 태도를 지적한다. 네이션의 엄마는 자제력이라는 어른의 책임으로부터 주의를 돌리기 위해 나이절의 나쁜 행동을 강조하면서 네이션을 가스라이팅했다. 남편에게 정신적으로 의존하고 있는 네이션의 엄마는 가해자인 남편을 보호하기 위해 동생에게 폭력을 휘두르는 아빠를 목격한 네이션을 가스라이팅한 것이다.

어떤 사람이 가스라이터라는 의심이 들면 그가 다른 사람에 대해 어떻게 이야기하는지, 그의 이야기가 당신이 관찰한 바와 일치하는지 살펴보아야 한다. 그가 당신의 지인을 묘사할 때 당신이 가스라이팅당한다는 느낌이 드는가? 그럴 때는 당신의 직감을 신뢰해도 좋다.

가스라이터는 다른 사람에 대해 이야기하는 방식에서 본성을 드러낸다. 뒷담화나 꼬리표 붙이기, 험담하기가 가스라이터만 하는 행동은 아니지만, 가스라이팅의 경고 신호임은 분명하다. 가스라이터가 진실을 왜곡하면서 다른 사람에 대해 부정적이고 경멸하는 태도로 이야기한다면, 당신에 대해서도 같은 방식으로 말할 것이 뻔하다.

그런 행동은 가스라이터에게 두 가지 면에서 도움을 준다. 첫째, 먼저 현실을 규정함으로써 그 현실을 서술할 때 우위를 선점한다. 당신의 현실 인식을 무효화시키려는 전략이다. 가스라이터는 당신의 온전한 정신 상태를 흔들어놓기 위해 왜곡된 현실을 수용하게 만들고 당신의 인식을 스스로 신뢰할 수 없게 만든다. 둘째, 가스라이터는 갈등 상황에서 다른 사람을 비난함으로써 자신은 궁지에서 벗어나고 문제를 표면화한다. 다른 사람이 '비이성적'이라는 비난을 받으면 자신에게는 잘못이 없다는 결론이 나오기 때문이다.

가스라이터가 다른 사람들 앞에서 당신에 대해 말하는 방식

라타샤는 자기가 없는 곳에서 동료들이 자신에 대해 무슨 말을 하는지 궁금하지 않았다. 이미 수년간 직장에서 미묘한 차별을 받으며 자신에 대한 주변의 평가에 차분하게 대응하도록 길들여졌기 때문이다. 엄마는 라타샤에게 강인한 성격을 물려주었고, 부당한 억압을 받아들이지 않는 자유로운 여성임을 자랑스러워하라고 가르쳤다. 그래서 라타샤가 당당하게 자신의 의견을 주장하거나 반대 의견을 내면 동료들이 그녀에게 "화내지 마라" "진정해라" "비이성적으로 행동하지 마라"라고 했다. 그런 말을 들을 때마다 라타샤의 마음속에는 분노의 감정이 치밀어올랐다.

라타샤의 예에서 볼 수 있듯이 누군가에게 일단 꼬리표가 붙으면 그 사람 의견의 타당성은 쉽게 묵살된다. 가스라이팅을 당하는 사람에게 꼬리표를 붙여서 그 사람을 희생시키고, 우세한 쪽이 통제권을 갖고 억압하는 패턴이 강화된다. 예를 들어 가스라이터가 친구들 앞에서 경멸하는 어조로 당신의 개인적인 비밀을 폭로하면서 "그냥 농담으로 하는 얘기"라고 할 수 있다. 그들은 당신과 단둘이 있을 때는 당신의 감정에 코웃음치고, 다른 사람들에게는 당신의 감정을 과장해서 표현한다.

통제하려는 대상에게 제멋대로 정신병이 있다며 꼬리표를 붙여 무기처럼 휘두르기도 한다. 성인 남성을 '애송이'라고 부르거나 성인 여성을 '여자애'라고 부르는 일, 인종차별적인 언어로 편견을 드러내며 상대방을 폄하하는 일도 포함된다. 그런 취급을 당한 사람이 당황해하거나 분노를 표현하면, 오히려 그에게 '과민 반응'이라거나 '너무 민감하다'는 낙인을 찍기도 한다. 가스라이터는 다른 사람들 앞에서 노골적으로 당신에 대한 거짓말을 늘어놓을 수도 있다. 당신이 거짓말에 항의해도 사람들이 당신의 말을 의심한다는 사실을 알기 때문이다.

가스라이터의 이런 책략은 당신을 정신적으로 고통스럽게 할 뿐 아니라 당신을 지지하는 사람들로부터 고립시킨다. 이것은 가스라이터가 당신을 심리적으로 학대한다는 사실을 은폐하는 중요한 수단이다. 당신이 당혹감과 수치심 때문에 친구나 가족에게서 멀어지게 할 수도 있다. 겉보기에는 매력적인 가스라이터의 이야기를 믿고 친구나 가족이 당신에게서 등을 돌릴 수도 있다.

위협하기

가스라이터가 자신의 통제력을 유지하기 위해 상대방을 위협하는 경우도 많다. 암묵적 위협이나 구체적 위협 모두 해당된다. 그들은 당신을 무시하거나 조롱하고서 당신이 두려워하는 반응을 보이면 비난한다. 여자친구에게 갑자기 주먹을 휘두르는 시늉을 하고 나서는 아무 일도 없었던 것처럼 웃거나, "내가 너를 한 번이라도 때린 적 있어? 내가 정말로 널 때릴 수 있는 놈이라고 생각하는 거야?"라고 말하면서 자기가 진짜 때릴 것이라고 생각했다는 이유로 오히려 여자친구에게 화를 내기도 한다. 그럴 때 상대는 두 사람의 관계가 완벽하지는 않지만 남자친구가 실제로 자기를 때리지는 않았으니 폭력적인 관계는 아니라고 스스로 합리화하게 된다.

가스라이터는 스스로 통제할 수 없는 분노를 감추기 위해 상대방을 위협하기도 한다. 그럴 때 그는 내면에 감춘 수치심에서 벗어나기 위해 상대방을 가스라이팅한다. 상대방을 계속 조종하고 통제하기 위해 의도적으로 계산된 행동을 할 수도 있다. 그런 경우 지속적으로 상대방을 위협하고 실제로 신체에 위해를 입힐 가능성이 크다.

이런 정서적 학대는 상대방을 보살피고 화해를 요청하는 '허니문'(신혼여행을 뜻하지만 우호적인 관계를 나타내기도 한다 – 옮긴이) 단계와 뒤섞여서 상대를 혼란스럽게 한다. 이 모든 것이 가스라이팅 대상이 스스로를 의심하게 만드는 통제 사이클의 일부다. 이 단계에서 가스라이터는 당신에게 사과하는 태도를 보이고, 당신은 저도 모르는 사이 가스라이터가 나쁜 사람은 아니라고 다른 사람들을 안심시키는 역할을 맡게 된다. 그러나 곧이어 가스라이터는 당신을 위협해서 자신의 왜곡된 행동에 반발하지 못하게 만들고 책임을 회피한다.

책임 회피하기

와이엇과 첫 데이트를 한 다음 날, 마라는 혼란스럽고 마음이 아팠다. 마라는 그와 데이트하기 전 설레고 들떴던 자신의 모습을 떠올렸다. 그와 만날 때 짜릿했던 기분과 술잔을 몇 번이고 다시 채워주던 그의 모습도 기억났다. 와이엇은 매혹적이고 관능적인 태도로 그녀가 원했던 것보다 더 진하고 깊은 데이트를 이끌어나갔다. 자세한 일은 잘 기억나지 않았지만, 마라가 원했던 데이트가 아님은 분명했다. 와이엇은 마라에게 "너도 원했잖아"라고 말했다. 그러나 마라는 자신이 결코 그런 데이트를 원하지 않았다고 확신했다.

그런 기억들이 마라의 머릿속을 휘젓고 있을 때 와이엇의 메시지가 도착했다. "섹시한 아가씨, 어젯밤 정말 멋진 시간이었어. 집에 잘 도착했는지 확인하고 싶어. 전화해줘." 마라는 메시지를 보면서 생각했다. '어젯밤 그토록 집요하게 내 사생활과 성적인 경계를 무너뜨렸던 사람이 어떻게 아무렇지도 않게 이런 메시지를 보낼 수 있지?'

가스라이터는 절대로 책임을 지지 않는다. 그들은 잘못을 부인하거나, 책임을 타인에게 전가하거나, 함께한 경험을 장밋빛으로

포장한다. 가스라이터는 또한 당신이 자신의 기억을 의심하고 무시하도록 조종한다. 가스라이터는 대체로 남들에게 자신감 넘치고 당당한 태도를 보이기 때문에 사람들은 그를 매력적이라고 느낀다. 그런 이유로 당신은 그들이 당신에게 투사하는 것이 실제로 일어난 일인지 아니면 당신이 잘못 기억하는 것인지 의심하게 된다. 이처럼 가스라이터는 끊임없이 자신의 책임을 부인함으로써 곤경에서 벗어난다.

가스라이터는 곤경에 직면했을 때 세 가지 전략 중 하나를 사용한다. 그중 하나는 화를 내면서 상대방을 위협하는 전략이다. 그들은 그런 방법으로 자신의 잘못을 회피하고 상대방에 대한 통제력을 회복한다.

반대로 가스라이터가 자신을 사건의 중심인물로 설정하고 피해자 행세를 하기도 한다. 예를 들어 인종차별적인 발언을 한 사람에게 소수자가 반발할 때, 그 발언을 한 사람이 자신이 지적당한 것에 대한 불편한 감정으로 초점을 옮김으로써 피해자 행세를 하는 것이다. 비슷한 맥락에서 바람을 피우다가 들킨 사람이 배우자가 자신을 믿어주지 않아서 괴롭다면서 "그 일 때문에 당신이 나를 아직도 비난하는 게 지나치다고 생각하지 않아?"라는 말로 피해자 행세를 할 수 있다. 이런 예시는 가스라이터들의 일반적인 반응이다.

또 다른 경우, 가스라이터가 침착하고 온화하고 냉철한 태도를 유지하면서 당신을 과민한 사람으로 몰아세워 당신에 대한 사람들의 신뢰를 무너뜨릴 수도 있다. 당신이 고통스러워하고 정신적으로 흔들릴 만한 이유가 충분한데도, 가스라이터는 자신이 안정적이고 정상적인 쪽이라는 설정을 강화한다. 그렇게 하면 자신의 잘못을 인정하지 않아도 되기 때문이다. 그런 방식으로 그들은 자기애적 자의식을 보호하고 강화한다.

분열과 삼각관계화

가스라이터가 어떤 상황의 결과를 조종할 목적으로 그 상황에 관련된 두 사람을 이간질하고 소통을 통제할 때 관계에서 분열이 일어난다. 예를 들어 엄마가 자녀에게는 "아빠는 너를 성가신 아이라고 생각해"라고 말하고, 아빠에게는 그 자녀가 "아빠가 나를 더 자유롭게 해줬으면 좋겠어"라고 말했다고 전달하는 식이다. 또 다른 경우, 이른바 삼각관계화triangulation(가족 내 불안과 긴장을 해소하기 위해 두 당사자의 관계에 제삼자를 개입시키는 과정 – 옮긴이)에서는 조종자가 직접적인 소통이 필요한 두 사람 사이에 제삼자를 끌어들여서 관계를 악화시킬 수 있다.

　가스라이터의 주요 전략은 자신에게 이득이 되게끔 현실의 각색본을 만들고 제시하는 것이다. 가스라이터는 자신이 가스라이팅하는 대상이 현실을 인식할 수 있도록 도와주는 협력자를 대상으로부터 분리시킨다. 자신의 위치를 강화하기 위해 관련된 당사자들을 분리시키고 이간질과 삼각관계화 전략을 주도하기도 한다. 이런 전략이 성공하면 가스라이팅 피해자는 다른 사람들과의 관계에서 문제에 부딪히고, 사람들의 관심은 가스라이터의 조종이 아닌 관계 문제로 쏠린다. 목표 대상들이 분열되고 관계가 멀어질 때 가스라이터는 그들이 신뢰할 수 있는 존재로 당당하게 등장한다.

정신적으로 건강하지 못한 부모는 자녀들을 대상으로, 또는 한 자녀와 배우자를 대상으로 이런 방식의 가스라이팅을 할 수 있다. 자기애성 인격장애가 있는 리더는 직원들을 서로 적대시하는 관계로 몰아갈 수 있다. 더 규모가 큰 사회적 관계를 예로 들면 정당은 자신의 정적인 두 정당을 서로 분열시키려는 의도로 두 정당 사이에 혼란, 분산, 무질서를 조장할 수 있다. 어떤 관계에서든 이런 전술의 목표는 동일하다. 바로 상대를 통제하고 자신이 '좋은 편'으로 등장하려는 것이다.

특권의식

가학적 가스라이터와 자기애성 가스라이터는 특권의식을 가지고 세상을 대한다. 그들은 자신이 지배계층의 꼭대기에 앉을 자격이 있다고 생각한다. 따라서 그들의 행동은 남들로부터 존중받는 자신의 우위성을 강화하고 유지하는 것이 목표다.

그들은 특권의식을 다양한 방식으로 표출한다. 그들은 탁월한 직업윤리나 노력과 상관없이 자신이 어떤 일의 적임자라고 믿는다. 이성과의 관계에서는 상대방에게 애정을 요구하고, 상대의 욕구는 무시하면서 자신이 원할 때마다 성관계를 요구하기도 한다. 불가능한 미적 기준을 세워놓고 자신은 기준에 도달하지 못하면서도 상대방에게 그 기준을 충족하기를 기대한다. 또한 자신은 존경받을 만한 인격을 갖추지 못했으면서도 단지 지위와 권위에 의존해서 자녀에게 협조와 존경, 순종을 요구한다. 그리고 기대가 충족되지 않으면 빠르게 분노, 강제, 강압으로 방향을 바꾼다.

가스라이터들은 흔히 자신의 통제력과 특권을 객관적인 가치로 인정받기 위해 종교나 역사적인 텍스트로부터 권위를 차용한다. 상대방의 애국심에 호소하기 위해 정치 지도자의 글을 인용하거나, 의도한 결과를 이끌어내기 위해 성구를 인용한다. 종교에 의존하는 가학적 가스라이터나 자기애성 가스라이터는 파트너에게 성관계를 요구하거나 강요하면서 '아내들은 남편들과의 성관계를 거부하지 마라'는 성구를 인용하거나, 자녀들에게 '자녀들은 부모에게 순종하라'는 성구를 언급하며 신체적 체벌을 정상적인 행동으로 받아들이도록 가스라이팅한다.

그런 상황에 익숙해지면 자신이 침해당하고 폭행당하고 배신당했다는 직관적 인식이 당신이 따르고자 하는 자아상, 파트너, 부모, 리더, 자신만의 원칙과 충돌을 일으키며 흐려진다. 당신은 자신이 소중하게 지켜온 가치를 잃지 않으려고 누군가와의 관계가 잘못되었다는 직관을 무시해버린다. 그럴 때 당신은 상대방에게 잘못이 없다는 결론을 내리거나 당신만 잘하면 관계가 잘될 것이라는 착각에 빠진다. 이런 방식으로 가스라이터는 자신이 이미 굳혀놓은 특권의식과 우월감을 강화한다.

대가 요구하기

가스라이터는 보상을 기대하지 않고는 결코 무언가를 주지 않는다. 데이트를 할 때 자기가 저녁식사 비용을 지불하면 섹스를 요구할 수 있다고 생각한다. 부모가 자녀에게 먼저 호의를 베풀면 자녀는 미안한 감정을 느끼고 부모와 함께 시간을 보내야 한다고 생각한다.

상호 간의 이익을 추구하는 것은 건강한 관계의 특징이다. 그러나 머릿속에 과거에 자신이 베푼 호의를 기록하며 상대방에게 상기시키는 것은 자기가 원하는 결과를 이끌어내기 위해 가스라이터가 사용하는 유용한 전략이다. 궁극적으로 가스라이터는 당신의 욕구·필요·감정으로부터 자기 자신의 욕구·필요·감정으로 관심을 옮기고, 상대방의 마음속에 죄책감의 씨앗을 뿌리고, 자신의 목적을 위해 상황을 왜곡한다. 이것은 결코 호혜적인 관계가 아니다. 그들의 호의는 순수하지 않고 자신의 이득을 위해 계산된 책략의 일부이기 때문이다.

건강한 관계의 특징

가스라이팅의 특징과 신호를 알아차리는 것이 중요하듯이, 건강한 관계가 어떤 것인지 이해하는 것 또한 중요하다. 당신이 누군가와 맺고 있는 긴밀한 관계의 상태를 평가하고, 그 관계에서 당신이 무엇을 원하는지 기준을 정하는 몇 가지 원칙을 살펴보자.

- 정직과 진실은 양 당사자가 지켜야 할 핵심 가치다.
- 각자 자신의 생각을 자유롭게 말하고 표현할 수 있다.
- 상호 배려와 공감이 공유된다(그러나 누구도 상대방의 감정을 바꾸려고 하지 않는다).
- 새로운 관점을 갖기 위해 서로 열린 태도를 갖는다. 각자 상대방의 의견에 동의하지 않아도 된다.
- 의사결정을 할 때 양 당사자는 동등한 권한을 갖는다.
- 상하 관계가 아니라 양방향 관계에서 서로를 존중하고 지지한다.
- 타협이 필요할 때는 서로 양보한다.
- 한쪽이 다른 쪽에 상처를 주었을 때는 자신이 한 일을 인정하고 책임을 지고 진심으로 사과한다.
- 양 당사자 모두 신체적으로 안전하다고 느낀다.
- 변화를 포함한 지속적인 성장을 위해 서로 노력한다.

당신에게 일어나는 일에 이름을 붙여라

이런 전략들을 읽고 숙고할 때 어떤 생각이 떠오르는가? 어렴풋하게나마 어떤 깨달음이 오는가? '맞아! 정말 그래'라는 생각이 드는가, 아니면 내면에서 저항감이 생기는가? 무언가 확실해지는 느낌이 드는가? 당신에게 실제로 일어나는 일이 무엇인지 이제야 깨달았다는 생각에 혼란과 좌절, 분노를 느끼고 흥분되는가?

'아는 것이 힘이다'라는 속담이 있다. 이 상황에 딱 들어맞는 진리다. 지금까지 당신에게 일어난 일을 이해함으로써 관계의 역학을 바꾸고, 힘을 되찾고, 삶을 개선하기 위한 첫걸음을 내디뎠다. 당신에게 일어나는 일이 무엇인지 규정하고 그것에 이름을 붙일 때 무엇에 대항해서 효과적으로 싸울 것인지, 무엇을 수용할 것인지 결정할 힘이 생긴다. 당신이 아닌 그들에게 잘못이 있음을 깨달음으로써 자유로워질 수 있다.

다음 장에서는 정서적 학대란 무엇인지, 정서적 학대가 당신에게 어떤 영향을 끼치는지, 그 영향으로부터 치유되는 방법에는 어떤 것이 있는지에 대해 더 깊고 폭넓게 다룬다.

3장

늘 눈치보며 자책한다면, 나만의 안전거리가 필요하다

정서적 학대가 남긴 상처 회복하기

가스라이팅을 겪어왔다는 의심이 들거나 이미 그렇다고 확신한다면, 이제 또 다른 정서적 학대가 삶에 어떤 영향을 끼치고 있는지 살펴봐야 한다. 이 장에서는 정서적 학대란 무엇인지, 어디서 일어나는지, 어떤 영향을 주는지 살펴보자. 그리고 영혼을 갉아먹는 정서적 학대의 영향에서 벗어나 치유되는 방법을 탐색해보자.

정서적 학대

정서적 학대는 반드시 신체적 접촉이 동반되지는 않는 심리적 피해를 의미한다. 언어폭력, 욕설, 조종, 따돌림, 위협, 수치심 주기, 끊임없는 비판, 애정 주지 않기, 고립시키기 등이 포함된다. 정서적 학대는 신체적 학대나 성적 학대 같은 물리적 피해와 별개로 일어나기도 하지만, 지속적인 신체적 학대를 포함하는 경우도 많다. 정서적 학대는 심리적으로 큰 상처를 남기고 그 상처는 우울장애dispressive disorder, 불안장애anxiety disorder, 외상후스트레스장애post traumatic stress disorder, PTSD, 또는 인격장애personality disorder로 나타날 수 있다. 정서적 학대는 충동적으로 일어나기도 하지만 특정 대상을 통제할 목적으로 의도적이고 세밀한 계획하에 일어나기도 한다.

가스라이팅은 정서적 학대의 여러 가지 형태 중 하나로, 대부분의 경우 다른 형태의 정서적 학대를 동반한다. 가스라이터는 한 가지 목표를 위해 다양한 방식으로 상대방을 학대하기도 하지만, 자신의 우발적인 언어적·신체적 학대를 은폐하기 위해 다른 유형의 정서적 학대를 가하기도 한다. 다른 모든 정서적 학대가 그렇듯 가스라이팅도 상대방의 자존감을 공격함으로써 그를 통제하고 독립적인 자아를 무너뜨리는 것을 목표로 삼는다.

당신이 겪은 정서적 학대의 증거로서 살면서 경험한 구체적인 일화를 떠올리기란 쉽지 않을 수 있다. 정서적 학대는 결과를 통해 증거를 찾을 수 있는 경험이기 때문이다. 이런 상황을 흔히 '천천히 피를 말려 죽이는 것'에 비유하기도 한다. 정서적 학대는 이처럼 피해자를 우울하고, 긴장하고, 지치고, 무기력하고, 자신을 가치 없고 '부족한' 존재로 느끼게 만든다.

많은 사람이 자신이 정서적 학대를 경험했다는 사실을 인정하기 힘들어한다. 자신이 왜 상처를 극복하지 못하는지 확신하지 못하는 사람들은 아파하면서도 종종 이렇게 말한다. "하지만 내가 ○○만큼 힘들었던 건 아닌걸요." 자신의 고통을 타인의 고통과 비교하며 과소평가하지 않고, 자신이 실제로 피해를 당했다는 사실을 인정하기란 몹시 어려운 일이다. 그러나 자신의 아픔을 축소하는 일은 본인에게 전혀 도움이 되지 않는다. 고통을 줄여주기는커녕 스스로 치유하는 능력을 제한하기 때문이다.

많은 사람이 자신이 피해자라는 느낌을 받아들이기 싫어서 정서적으로 학대받은 사실을 부인한다. 어떤 의미에서 그런 반응은 당신의 마음속에 굴복하지 않으려는 전사가 있다는 긍정적인 증거이기도 하다. 당신 내면의 전사는 지금까지 최악의 상황에서도 당신의 영혼을 지켜주었다. 그러나 이제는 그 전사에게 지금까지의 노고를 치하하며 잠시 쉬라고 얘기해야 한다. 상처받은 내면의 어린 아이가 진실을 말할 수 있게 해야 한다.

사람들이 자신이 당한 정서적 학대를 부인하는 또 다른 강력한 이유는 사랑하는 사람을 보호하기 위해서다. 실제로 사랑하는 사람만큼 우리에게 깊은 상처를 주는 사람은 없다. 정서적 학대는 모르는 사람에게 공격받는 것이 아니다. 당신을 정서적으로 학대하는 사람은 당신에게 매우 소중한 사람일 가능성이 크다. 그러나 그들을 보호하기 위해 객관적 사실을 부정하는 것은 당신 스스로를 희생시키는 행동이다. 당신에게 이미 일어났거나 지금 일어나는 일을 부정하면 그들의 부당한 행동에 대한 책임이 피해자인 당신에게 전가된다. 그들에게 잘못이 없다는 것은 당신에게 문제가 있다는 뜻이 된다. 그들에게 면죄부를 주면 당신은 그들을 제지하거나, 그들과 거리를 두거나, 더 건강한 관계를 키워나갈 권리를 가질 수 없다. 그렇게 되면 변화의 가능성은 사라진다.

당신은 더 나은 삶을 살아야 한다. 본질적으로 사랑받고 존중받을 가치가 있는 존재인 당신은 그럴 자격이 있다.

정서적 학대는 연인관계에서만 일어나지는 않는다

가스라이팅과 정서적 학대는 연인관계에서만 일어나지는 않는다. 상사가 프로젝트의 기대치를 마음대로 변경하고서는 당신이 처음

정해진 기대치에 맞춰서 일한 것을 비난하거나 동료들 앞에서 당신을 모욕하는 것도 가스라이팅이다. 직장 동료가 당신을 성적으로 희롱하고, 그런 행동을 한 사실을 부인하고, 당신이야말로 추파를 던지는 부적절한 사람이라고 낙인찍을 수도 있다. 친구가 당신에게 무시당했다고 불평하면서 당신을 조종하거나, 함께 시간을 보내달라며 애정과 관심을 요구하고서는 그런 욕구가 충족되지 않으면 당신에게 화를 낼 수도 있다. 부모가 우리 집은 행복한 가정인데, 단 한 가지 문제가 자녀의 정신질환이라면서 아이를 비난하고 무시하고 수치심을 줄 수도 있다.

정서적 학대와 가스라이팅은 다양한 상황에서 일어나며, 그 영향 또한 다양한 양상으로 나타난다. 당신을 정서적으로 학대하거나 가스라이팅하는 사람이 많을수록 당신이 받는 심리적인 피해도 그만큼 커진다. 가해자가 당신과 친밀할수록, 당신이 그들에게 더 많이 의존할수록 당신이 그 관계를 인지하고 그 관계에서 벗어나거나 관계의 역할을 바꾸기가 더 힘들어진다. 하지만 당신에게는 문제를 해결할 능력이 있음을 기억하고 용기를 내라.

정서적 학대를 겪었다는 확신이 들지 않는다면 학대의 일반적인 영향을 살펴보자. 다음 영향 중 많은 항목이 익숙하다면, 특히 다른 트라우마가 없는 상황에서 그렇다면 정서적 학대를 경험했을 가능성이 크다.

- 자기의심self-doubt
- 수치심
- 자신이 '부족하다'거나 '과하다'는 느낌
- 자기비판이나 부정적인 내면의 목소리
- 자신이 무가치하다는 느낌
- 섭식장애
- 중독행동(약물, 쇼핑, 음식, 도박 등)
- 인정이나 안도감에 대한 지나친 욕구
- 친밀한 행동 회피
- 불안
- 우울증
- 무기력감과 자살에 대한 생각

정서적 학대가 당신에게 끼치는 영향

신체에 흉터를 남기지 않기 때문에 많은 사람이 정서적 학대를 과소평가한다. 그러나 정서적 학대의 영향은 당신의 생각보다 광범위하고 깊다. 정서적 학대는 본질적으로 당신의 자존감과 독립성을 훼손한다. 그뿐 아니라 낮은 자존감과 수치심은 우울증과 사회불안social anxiety의 근간이 된다.

정서적 학대는 인간의 기본 욕구인 안정적 애착을 약화시킨다. 음식·물·옷·집 같은 물리적 필수품은 우리를 생존하게 하지만, 안정적 애착은 우리를 행복하게 한다. 우리는 다른 사람과 영향을 주고받지 않을 수 없다. 가스라이팅은 바로 그런 근원적이고 기본적인 인간의 욕구를 착취한다. 불안정한 애착은 해로운 관계에 지나치게 집착하거나 친밀한 관계를 완전히 차단하게 만든다.

우리 뇌는 유아기부터 다른 사람의 정서를 인지하고 느끼게 하는 '거울신경세포mirror neuron'(다른 개체의 특정 행동을 관찰할 때와 자신이 같은 행동을 할 때 모두 활성화되는 신경세포 - 옮긴이)를 통해 다른 사람들과 상호작용할 준비를 한다. 영유아는 자신을 잘 달래주는 양육자에게 지속적으로 노출되면서 그런 반응을 내면화한다. 평온함과 만족감을 느끼는 경험은 뇌를 정상적으로 발달시킨다. 반면에 혼란스러운 환경이나 고함 소리에 지속적으로 노출되거나 방치되는 영유아는 내면을 통제하는 능력을 발달시키지 못하고 그로 인해 나중에 불안장애를 겪을 위험성이 크다.

성인기에도 지속적으로 분노에 노출되면 우리의 뇌는 두려움이나 위험과 관련된 신경경로를 강화한다. 계속 비판에 노출되면 수치심, 절망감, 슬픔을 느끼는 신경경로가 강화된다. 분노가 가득한 음악에 노출된 식물이 시들어버리는 것처럼 우리의 정신도 환경의 정서적 분위기에 따라 꽃을 피우거나 시들어간다.

아이들은 회복탄력성이 좋다는 말을 자주 한다. 맞는 말이지만, 그렇다고 아이들이 학대를 받고도 트라우마가 생기지 않는다거나 회복이 잘된다는 뜻은 아니다. 심리적 상처는 아이들의 발달하는 정신에 새겨지고 성인기의 행동과 반응에 계속 영향을 끼친다. 아이든 어른이든 지속적으로 폭행을 당하는 환경에 적응하는 유일한 방법은 그 환경을 정상으로 받아들여 동화되는 것이다. 다시 말해 폭력적인 환경을 비정상적이라고 생각하지 않게 된다.

그러나 우리의 머리가 자신에게 무슨 일이 일어나고 있는지를 외면하더라도 우리의 몸은 진실을 알고 있다. 정서적 학대는 신체에 피해를 주고 위장장애부터 자가면역질환, 암에 이르는 신체적 질병의 발병률을 증가시킨다. 카이저재단이 17,000명 이상의 참가자를 대상으로 연구한 바에 따르면, 어린 시절에 정서적 학대를 포함해 불행한 일을 많이 겪을수록 성인기에 다양한 신체 질환에 걸릴 가능성이 커진다.

이런 충격적인 발견은 정서적 학대를 심각하게 받아들이는 것이

신체적 학대

관계에서 상대방의 분노가 폭력으로 바뀌는 문턱을 넘었다면 누군가에게 손을 내밀어 도움을 청해야 한다. 정상적이고 당연한 대처다. 신체적 학대는 시간이 지날수록 심해지는 경향이 있고 돌이킬 수 없는 단계까지 갈 수 있다. 당신 혼자서 신체적 학대에 대처할 수는 없으며, 그저 버티는 것만으로는 문제를 완화하거나 상황을 바꿀 수 없다. 지금 당장 도움을 요청해야 한다.

범죄·학대 신고 일반: 112

여성긴급전화: 1366

범죄피해 구호전화: 1577-1295

얼마나 중요한지 말해준다. 스스로 축소하고 무시하면 상처가 치유될 수 없다. 그뿐 아니라 해결하지 않고 남겨둔 상처는 심리적으로나 신체적으로 심각하게 부정적인 결과를 낳을 수 있다. 반대로 스스로 인정한 일은 해결할 수 있으며, 치유를 시작해서 심각한 영향을 줄일 수 있다.

평생의 패턴

아미라는 남편 아론이 집 안으로 걸어 들어오는 순간이 두려웠다. 아론은 그녀에게 인사도 하지 않고 문을 쾅 닫고는 담배에 불을 붙이며 저녁식사를 요구했다. 그가 도착하기 전에 식사가 준비되어 있어야 했다. 아이들은 장난감을 치우고, 목욕을 하고, 밥을 먹고, 그의 눈에 띄지 않는 곳에 있어야 했다. 이 가운데 하나라도 어긋나면 아론은 아미라가 살림을 형편없이 못하는 여자라고 질책했다.

납덩이처럼 무거운 침묵 속에서 저녁을 먹는 아론의 모습을 지켜보던 아미라는 어린 시절 아버지가 찻주전자를 앞에 놓고 어머니에게 소리 지르던 모습이 떠올랐다. 아미라가 꽃 한 송이를 꺾어 수줍게 아버지에게 건네자 아버지는 꽃을 힐끗 보더니 식탁 위로 던지면서 아미라에게 엄마 말 잘 들었느냐고 물었다. 아미라는 실망했지만 그렇다고 대답했다. 그나마 아버지가 자신에게 관심을 가져준 것이 고마웠다.

아미라는 제아무리 노력해도 그때나 지금이나 사람들의 기대에 미칠 수 없다고 생각했다. 아미라는 '나는 부족한 사람'이라는 결론을 내렸다.

우리가 정서적 학대에 적응하는 한 가지 주요한 방법은 수치심을 내면화하는 것이다. 정서적으로 학대받는 아이는 부모의 행동에 문제가 있다는 사실을 인정하지 않는다. 아이들은 생존하기 위해 부모를 신뢰해야만 하기 때문이다. 대신 아이들은 자신에게 책임이 있다는 결론을 내리고 학대의 메시지를 내면화한다. 이렇게 아이들은 학대하는 부모가 아니라 자기 자신을 미워하는 법을 배운다.

정서적 학대는 대부분 일관성이 없다는 것이 특징이다. 가혹하고 지속적인 비판, 수치심 주기, 욕설, 고립시키기, 침묵으로 무시하기가 놀이시간, 관계, 심지어 "너를 사랑해"라는 메시지와 결합되기도 한다. 아이들이 사랑을 정서적 학대를 포함하는 형태로 경험하면, 그들은 그런 것이 사랑이라고 이해하게 된다.

이런 패턴이 한번 시작되면 평생 지속되는 경우가 많다. 가혹한 비난, 무시, 분노로 가득한 어린 시절을 보낸 사람 중 상당수가 뒷날 성인이 되어 따뜻하고 친절하고 안정적인 관계를 시작하지 못한다. 어린 시절에 경험한 정서적 학대로 말미암아 성인이 되어서도 파트너와의 건강하지 못한 관계를 정상으로 받아들이기 때문이다.

비슷한 맥락에서 누군가를 학대하는 사람은 대체로 어린 시절에 경험한 패턴을 반영하는 경우가 많다. 타인을 학대하는 사람은 자신을 공격한 사람과 스스로를 동일시하고, 그런 행동 패턴의 문제점을 발견하지 못한 채 부정적인 메시지를 내면화했을 수 있다. 아니면 힘든 순간 부모에게 위로받은 경험이 없거나 이를 제대로 확장하지 못한 결과 자기조절 능력을 습득하지 못해서 반응성과 수치심 사이를 계속 오갈 수도 있다.

물론 예외도 있다. 예를 들어 특정 문화와 신념 체계에서 여성은 누군가에게 복종하고 지배(학대의 기반)당하기를 기대하며, 어떤 대가를 치르더라도 관계에 충실하도록 사회화된다. 장애나 가족에게 해를 입히겠다는 위협, 경제적 의존성 때문에 상대방에게 종속되는 경우도 있다.

당신을 속박하는 제약이 심리적이든 다른 어떤 것이든, 당신은 가치 있는 존재인 동시에 조건 없는 사랑을 받을 자격이 있다는 것을 잊으면 안 된다.

트라우마와 복합성 외상후스트레스장애

당신은 어린 시절부터 일생 동안 학대당하는 관계를 경험했을지도 모른다. 학대는 한 가지에 그치지 않는 여러 가지 만성적인 트라우마를 만든다. 중요한 발달 단계일수록 이런 트라우마의 영향은 더욱 커진다. 두뇌는 아이들의 성장기에 집중적으로 발달한다. 그 시기에 부적절한 애착 관계가 형성되면 발달하는 두뇌에 나쁜 영향을 끼쳐서 평생에 걸친 우울증과 불안의 원인이 된다.

마찬가지로 불안정한 환경에서 성장해도 지속적인 트라우마를 겪을 수 있다. 이런 사람들은 신경계에서 진정작용 calming reflexes (신경계의 흥분을 가라앉히는 작용 – 옮긴이)이나 투쟁-도피 반응 fight-or-flight reactions (긴박한 위협 앞에서 자동으로 나타나는 생리적 각성 상태 – 옮긴이)을 조절하는 영역이 과도하게 쓰이면서 긴장하게 된다. 이는 두 가지 결과로 이어진다. 하나는 뇌가 불안과 과민반응을 자극하는 신경경로를 강화하는 것이고, 다른 하나는 자기보전 에너지가 고갈되어 자신을 보호할 충분한 의지나 힘을 상실한 탈진 상태나 우울증에 빠지는 것이다.

트라우마는 사건에 대처하고 그것을 이해하는 선천적인 능력이 압도되는 경험을 했을 때 일어난다. 타인의 죽음이나 심각한 신체적 상해, 근사체험(임종에 가까웠을 때 또는 일시적으로 뇌와 심장 기능이 정지하여 생물학적으로 사망한 상태에서 사후세계를 경험하는 현상 - 옮긴이), 성폭행처럼 신체적 주권에 가해진 공격 등 끔찍한 사건을 경험하거나 목격하고 나서 트라우마를 겪을 수 있다. 복합성 트라우마는 전쟁터에서 생존했거나 끊임없는 아동학대를 받으며 성장하는 것처럼 지속적인 트라우마에 노출된 결과다. 뇌가 형성되고 발달하는 시기에 발생하기 때문에 발달 트라우마라고 불리기도 한다. 어린아이들은 압도적인 경험에 대처할 수 있는 자원이 성인보다 부족하기 때문에 현실의 고통을 회피하기 위해 의식의 일부를 분리시키는 해리장애^{dissociative disorder}(의식, 기억, 정체감, 환경에 대한 지각 등 정상적으로 통합되어야 할 성격 요소들이 붕괴되어 나타나는 질환 - 옮긴이)가 나타날 수 있다. 현실과 자신을 분리하려는 욕구의 강도에 따라 자신을 다중 인격으로 느끼는 경험이 평생 지속될 수도 있고, 단순히 자아와 몸이 분리된 것처럼 느낄 수도 있다. 당신은 사건에 관한 사실적 지식과 감정을 쉽게 분리할 수 있다고 생각하겠지만, 때로는 트라우마를 상기시키는 무언가 때문에 압도적 분노나 공포에 사로잡힐 수도 있다. 기억력 감소도 흔한 증상이다. 해리 현상이 여러 가지 뇌 구조 간의 상호작용을 방해할 뿐 아니라 트라우마가 장기기억을 저장하고 탐색하는 뇌 영역을 축소시키기 때문이다.

좋은 소식은 우리 뇌가 평생에 걸쳐 지속적으로 성장하고 변화하고 적응한다는 것이다. 이런 현상을 '신경가소성neuroplasticity'(우리의 경험이 신경계에 기능적·구조적 변형을 일으키는 현상 – 옮긴이)이라고 한다. 트라우마로 인한 장애가 변화될 수 있다는 뜻이다. 해마hippocampus(인간의 뇌에서 기억을 저장하고 인출하는 데 중요한 역할을 하는 기관으로, 변연계 안에 있다 – 옮긴이)가 자라면서 기억력은 향상될 수 있다. 또한 트라우마의 기억이 적절하게 처리되면 지속적인 주의가 필요하지 않은 장기 기억에 통합될 수도 있다. 안정화 기법grounding technique(불안발작이나 트라우마를 일으킨 원인이 떠오를 때 신체감각에 집중하여 주위를 환기하고 마음을 진정시키는 방법 – 옮긴이)을 배우고 훈련하며 해리 증상을 줄일 수도 있다. 트라우마를 일으키는 요인을 찾아 재처리하는 것도 한 가지 방법인데, 이 내용은 2부에서 다룰 것이다. 당신은 치유될 수 있고, 더불어 당신의 삶이 바뀔 수 있다는 것을 잊으면 안 된다.

당신을 학대하는 사람이 여러 명일 때

어린 시절에 정서적 학대와 가스라이팅을 겪었고 성인이 되어서도 건강하지 않은 관계를 맺고 있다면, 당신을 학대한 사람이 여러 명일 수도 있다. 부모나 형제와의 복잡한 관계 때문에 스트레스를 받으면서 다른 한편으로 연인이나 친구와의 건강하지 못한 관계를 헤쳐나가고 있을지도 모른다. 오랜 세월 가스라이팅과 정서적 학대를 겪었다면 건강하지 못한 관계를 인지하고 적절한 경계를 설정하지 못한다. 이 경우 당신을 함부로 대하는 친구와 관계를 유지하거나, 나르시시스트 상사와 함께 일하거나, 심지어 사이비 종교 집단에서 건강하지 못한 관계에 휘말릴 가능성이 높다. 그렇게 정서적 학대는 겹겹이 포개지고 쌓여서 당신을 짓누른다. 각각의 무게는 견딜 수 있지만 모두 합해지면 엄청난 부담이 된다.

불만족스럽고 비협조적인 관계에 둘러싸이면 극심한 중압감을 느낄 뿐 아니라 당신을 도와주는 지지 시스템을 찾기 힘들어진다. 형제자매가 당신을 무시하고, 엄마가 수치심을 주고, 친구들이 자기 자신에게만 관심이 있고 당신에게 신경을 쓰지 않는다면, 어려움을 겪을 때 누구에게 의지할 수 있을까? 당신의 파트너가 스트레스에 시달리는 당신을 신경과민이라고 몰아붙인다면, 당신을 가스라이팅하는 상사가 과도한 업무를 지시하고 압박하면 어떻게 누군가에게 어려움을 털어놓을 수 있겠는가? 큰 소리로 외쳐도 아무도 당신 이야기를 들어주지 않는다면, 인종차별이나 성차별을 당했을 때 어느 누구에게 기댈 수 있겠는가?

캄캄한 어둠 속에서 헤매듯이 암담한 기분을 느낄 것이다. 그러나 당신은 과거에 얽매여 있지 않다는 것을 기억하라. 성장 과정, 트라우마, 과거의 잔재가 당신의 미래를 완전히 결정하지는 못한다. 당신은 스스로 치유하고 변화할 수 있다. 희망을 단단히 붙잡고 힘차게 앞으로 나아가라.

그렇다면 어떻게 학대의 사이클을 끊을 수 있을까?

어떻게 스스로를 치유할 수 있을까?

오랫동안 많은 사람이 당신을 괴롭혔더라도 당신은 정서적 학대와 가스라이팅을 극복하고 치유될 수 있다. 치유는 당신을 얽매는 경험과 과거의 영향에서 벗어나 자유롭게 감정, 생각, 상호작용의 새로운 방식을 선택할 수 있다는 것을 의미한다. 당신에게 이미 일어났거나 현재 일어나고 있는 일을 인지하고, 인정하고, 자신에게 연민을 갖고, 자존감을 키우는 일을 포함한다. 또한 치유는 건강한 관계를 만들고, 원하는 삶을 추구할 수 있는 정당한 권리와 능력에 대한 자신감을 키우는 일이기도 하다.

회복은 과정이다. 회복은 한 번에 이루어지지 않는다. 때로는 두 걸음 나아갔다가 다시 한 걸음 후퇴하는 것처럼 느껴질 것이다. 오랜 시간에 걸쳐 목표에 시선을 고정하고, 단기간보다는 장기간의 변화를 측정해보라. 어느 날 뒤를 돌아보면 당신이 얼마나 멀리 왔는지 깨닫고 자신감을 얻을 것이다. 지금 당장은 하룻밤 사이에 변화가 일어나기를 기대하지 말고 인내심을 가져야 한다. 당신을 억압하는 혹독한 목소리는 과거에 속한 것임을 기억하라.

관계의 안전거리를 만들고 상처를 치유하는 7단계 마음훈련

치유는 1단계 '수용'에서 시작된다. 어떤 문제를 해결하려면 먼저 문제가 무엇인지, 문제가 실제로 존재하는지 확인해야 한다. 이 책의 앞 장을 공부하면서 이미 어느 정도 현실을 수용했을 것이다. 그렇다면 자신감을 가져도 된다. 치유는 이미 시작되었다.

2단계는 '가스라이팅의 사이클 이해하기'다. 이 단계를 이해하려면 2장에서 설명한 가스라이터의 전략을 다시 살펴보라. 문제를 수용하고 사이클을 이해하면 준비가 끝났다. 이제 3단계로 넘어가서, 현재 잃고 있는 것과 이미 잃어버린 것을 충분히 '애도하라'.

4단계, 애도의 과정에서 '자기집중self-focus'을 허락하라. 자기집중은 이기심이 아니라 마땅히 받아야 할 연민을 스스로에게 허용하다는 의미다. 너무 오랫동안 연민을 받지 못했기 때문에 자신에게 집중한다는 것이 낯설지도 모른다. 그러나 내면으로 이동하는 단계에서 깊은 치유가 이루어질 수 있다.

5단계인 '경계 세우기'는 성장하고 번성할 수 있는 건강한 공간을 당신 주변에 만드는 것이다. 이제 숨통을 막아온 덩굴을 가지치기하고 잡초를 뽑기 시작할 것이다.

6단계에서는 이 경계 위에 집을 짓고 지금까지 사람들이 당신에게 보인 반응을 되돌아보면서, 당신의 삶에 누구를 들이고 누구를 배제할지 '결단'한다.

치유를 위한 7단계이자 마지막 단계에서는 서로 존중하는 친구

관계, 직업적인 관계, 연인관계에서 당신이 무엇을 원하고 무엇을 마땅히 받아야 하는지 온전하게 인식하고, 의지를 갖고 '새롭고 건강한 관계를 시작'한다. 당신이 얻은 지식과 인식을 바탕으로 자기 연민으로 스스로를 보듬고, 당신 자신을 보호하고, 누군가를 자유롭게 사랑할 수 있는 단단하면서도 유연한 경계를 설정하라. 이로써 당신의 삶은 새로운 단계에 들어서고, 치유의 열매가 맺힌다. 이 단계에서 사이클을 영원히 끊어버리는 방법을 배운다.

천천히 7단계 마음훈련을 해나가라. 쓰라린 상처를 치유하기 위해 고군분투하는 자신에게 시간과 자비와 인내를 허용하라. 서두르면 쉽게 좌절할 수 있다. 어떤 사람은 다른 사람들보다 더 빨리 갈 수도 있다. 신경 쓰지 마라. 이전 단계로 돌아갈지도 모른다. 그래도 괜찮다. 변화를 향해 나아가는 자신을 응원하라.

당신이 받은 학대는 결코 당신의 잘못이 아님을 기억하라. 가스라이터와 함께 살면서 겪은 정서적 학대는 당신의 잘못도, 부끄러워할 일도 아니다. 지금 중요한 것은 삶에서 이미 일어난 일을 인정하고 치유에 필요한 공간을 만들어내는 것이다.

다음 장에서는 앞에서 얘기한 7단계 마음훈련을 더 실용적이고 실질적인 단계로 세분해서 살펴볼 것이다. 책장을 넘기기 전에 잠시 휴식하면서 당신을 돌볼 시간을 가지기 바란다.

책을 내려놓는다. 스트레칭을 한다. 물 한 잔을 마신다. 1분 이상

창밖의 푸른 식물들을 바라본다. 천천히 깊게 호흡하면서 공기가 폐를 가득 채우고 세포에 영양분을 공급하는 것을 알아차린다. 눈을 감고 느껴지는 것이 무엇이든 그 느낌을 알아차린다. 준비가 되었으면 이제 자유를 향한 첫걸음을 내디뎌보자.

지금까지 가스라이팅과 정서적 학대의 몇 가지 기본 개념을 확립하고 명확하게 이해했다. 이제 가스라이팅의 고리를 끊는 작업을 시작해보자. 가스라이팅당하고 있다는 의심이 들거나 그렇다는 결론을 내렸다면 더 이상 가스라이팅이 계속되게 놔둬서는 안 된다. 변화가 두려울지도 모른다. 그러나 당신이 이 책을 집어들게 한 것은 바로 당신의 내면에 있는 전사임을 기억하라.

2부에서는 가스라이팅으로부터 자유로워지는 7단계 마음훈련을 탐색한다. 수용, 이해, 애도, 자기집중, 경계 세우기, 결단, 새롭고 건강한 관계 만들기를 통해 당신은 학대의 사이클을 영원히 끊어버릴 수 있을 것이다.

2부

관계의 안전거리를 만들고
내 중심을 되찾는
7단계 마음훈련

지금 내가 겪는 문제 인정하기

변화의 시작

가스라이팅과 다른 정서적 학대의 고리를 끊는 첫 번째 단계는 '수용'이다. 당신에게 일어나고 있는 일의 진실을 인식하고 수용하지 않으면 그 상황에서 벗어날 수 없다. 당신이 겪어온 일의 실상을 수용할 때 변화의 동력을 얻을 수 있다.

수용의 정의

수용은 당신의 현재 상태나 당신에게 일어난 일을 있는 그대로 받아들인다는 의미다. 그렇다고 어떤 행동을 감내하고 계속 허용한다는 뜻은 아니다. 당신에게 상처 준 사람에게 '처벌을 면제해준다'는 뜻도 아니다.

수용은 실제 상황을 있는 그대로 받아들이는 것이다. 문제를 부정하거나 축소하거나 문제에 대한 질문을 회피하는 것이 아니다. 당신은 문제를 직시하고 정확하게 평가해야 한다. 당신이 처한 상황에서 당신을 조종하는 행동 패턴의 징후가 보일 때 상황을 있는 그대로 받아들여야 한다. 수용은 당신의 현실을 있는 그대로 인정하는 것이다.

첫 단계인 수용에서는 현실을 바꾸거나 현실에 맞서 싸우려는 시도를 하지 않아도 된다. 그저 상황을 규정하고 스스로 그 무게를 느껴보라. 자신의 연약함을 인정하면 스스로가 무기력하게 느껴질 수도 있지만 그 단계를 서둘러 뛰어넘으면 안 된다. 현실을 주의 깊게 살피면서 가스라이팅이 내면에 어떤 영향을 끼쳤고 당신이 어떤 대가를 치렀는지 인식하는 과정이 필요하다.

가스라이팅을 다루는 과정은 복잡할 수밖에 없다. 가스라이팅은 본질적으로 당신 자신과 당신의 감정, 인식, 경험을 의심하게 만들기 때문이다. 가스라이팅은 당신 스스로가 제정신이 아닌 것 같고 자신이 문제라고 느끼게 한다. 그뿐 아니라 당신을 무기력하게 만들어서 거짓말과 왜곡, 인식이 뒤엉킨 매듭을 풀려는 당신의 시도를 단념시킨다.

앞에서 말했듯이 당신이 가스라이팅당하고 있다고 느낀다면 실제로 그럴 가능성이 크다.

이 책을 펼쳐 지금까지 읽었다면 당신은 이미 수용의 과정을 시작했고 앞으로 나아가고 있다는 뜻이다.

수용은 필수 과정이다

수용은 변화하기 위해 반드시 필요한 과정이다. 자신이 인정하지 않는 것은 바꿀 수 없다. 확신하지 못하는 일에는 몰두할 수 없다. 무엇보다 당신은 치유되고 자유로워질 자격이 있음을 기억해야 한다.

수용은 문제에 이름을 붙이는 것에서 시작된다. 이제 문제를 합리화하고, 변명하고, 타인의 비난을 받아들이고, 상황을 대충 얼버무리는 짓은 멈춰야 한다. 물론 고통스러울 것이다. 결코 쉽지 않은 과정이다. 이제 인식 체계를 바꾸고 당신이 안다고 생각했던 모든 것을 다시 분석해야 한다. 사랑하고 아끼는 누군가를 조용히 배신하고 있다고 느낄 수도 있다.

그러나 부모와 자식 사이든, 연인 사이든, 친구 사이든 사랑하는 사람과의 모든 관계에서 자신이 조종당하거나 학대받는 현실을 참고 넘어가서는 안 된다. 사랑은 상대방에게 상처를 주지 않는다. 사랑은 당신을 계속 정신적으로 고통스럽게 하지 않는다. 건강한 사랑은 양쪽 모두를 보호하고 존중하는 경계를 유지한다.

사랑받고 존중받고 있다고 느끼는가? 얼마나 자주 상처받았다고 느끼는가? 상대방이 당신을 학대하고서는 뒤늦게 사랑이나 인정을 베푸는 것 같은가? 당신은 주기만 하고 아무 대가도 기대하지 않아야 한다고 생각하는가? 평생 정서적 학대를 받아온 탓에 누군가로부터 무언가를 기대하지 않도록 길들여졌을지도 모른다. 지금보다 나은 대접을 받을 자격이 없다고 생각할지도 모른다. 그러나 그런 생각은 모두 틀렸다.

수용은 알아차림에서 시작된다. 당신이 무엇을 느끼는지 알아차려야 한다. 시간을 갖고 내면의 목소리와 직관에 귀를 기울여라. 관계의 패턴과 그 관계가 불러일으키는 감정에 주목하라. 알아차림의 과정에서 내면의 지혜를 존중하고 직관을 신뢰하라. 그 직관이 말하는 진실에 귀를 기울여라.

자신을 살펴라

정서적 학대에서 살아남기 위해 당신은 감정을 내면 깊은 곳에 가두는 방법을 배워왔을 것이다. 끊임없는 비판, 비난, 수치심 주기, 언어적 공격은 매우 깊고 혹독한 고통을 주었을 것이다. 그 고통을 견디고 살아남기 위해 당신은 감정을 억압하거나 부정하고 또는 감정으로부터 분리되는 방식으로 적응했을 것이다. 가스라이터는 당신을 감정이 과하고 극단적이라며 비난하고, 미쳤거나 신뢰할 수 없는 사람이라고 몰아세우면서 가스라이팅했을 것이다.

이제 당신은 갈림길에 서 있다. 정서적 학대가 당신의 영혼에 끼친 영향을 계속 부인할 것인가, 아니면 그것에 이름을 붙이고 자신에게 치유라는 선물을 허락할 것인가? '굳어지고 무뎌진 것'은 강한 것과 다르다. 취약성을 인정하는 것이야말로 진정한 힘의 시험대다. 오랫동안 묻어온 감정들을 견뎌내고 온전히 느끼기 위해서는 엄청난 용기와 힘이 필요하기 때문이다.

하루에 몇 번씩 잠깐이라도 시간을 내서 자신을 살펴보라. 어떤 감정을 진정으로 느끼는지 자문해보라. 처음에는 이 과정이 불편하거나 생소할 것이다. 그래도 멈추지 말고 계속하라. 끈기를 가져야 한다. 감정이 만들어내는 풍경을 감상해보라. 어떤 감정은 당신을 고통스럽거나 불쾌하게 만들 것이다. 자신에게 연민을 가지고 그 감정을 충분히 느껴라. 당신은 미치지 않았고, 당신의 감정은

'지나치지' 않다. 감정은 당신을 약하게 만들지 않는다.

가스라이팅과 정서적 학대를 겪었다는 사실을 수용하려면 반드시 이 과정을 거쳐야 한다. 이 과정은 당신에게 '멈춤'의 순간을 선사한다. 멈춤은 알아차리고, 되돌아보고, 선택할 수 있는 작은 순간들을 뜻한다. 차츰 행동과 반응을 선택할 기회와 통제력을 얻을 것이다. 감정을 알아차림으로써 감정을 통제할 수 있는 힘을 얻는다.

지금 잠시 시간을 내서 연습해보자. 지금 있는 장소가 충분히 편안하지 않다면 다른 공간을 찾아보라. 이제 무릎 위나 옆에 책을 놓는다. 눈을 감는다. 천천히 다섯까지 세면서 코로 숨을 깊이 들이쉰다. 잠시 숨을 참았다가 천천히 내쉰다. 여러 번 반복한다. 마음이 어디로 가는지 헤아려보라. 어떤 감정을 느끼는지 주목해보라. 평온한가? 불안한가? 짜증스러운가? 조급한가? 긴장이 풀어졌는가? 혼란스러운가? 무엇을 느끼든 틀리거나 잘못된 감정은 없다.

몸 어느 곳에서 그 감정이 느껴지는지 살펴보라. 어디가 긴장되어 있는가? 어깨가 굳어 있는가? 눈썹을 찌푸리고 있는가? 가슴이 답답하고 속이 꽉 막힌 것처럼 느껴지는가?

이제 다시 호흡에 주의를 돌려보자. 숨을 천천히 들이쉬었다가 천천히 내쉰다. 반복한다. 숨을 들이쉴 때 당신이 느끼고 싶은 긍정적인 감정에 이름을 붙여라. 아마도 '평화로움' '평온함' '명료함' '고요함' 같은 감정일 것이다. 다음에는 숨을 내쉬면서 조용히 그러나 열의를 가지고 놓아버리고 싶은 부정적인 감정에 이름을 붙여라. '두려움을 놓아버린다' '분노를 놓아버린다' 같은 말을 적어도 다섯 번 이상, 그 감정이 편하게 느껴질 때까지 반복하라.

이제 몸에서 긴장된 부분에 어떤 일이 일어나는지 살펴보라. 다음으로 몸에서 강하고, 안정되어 있고, 긴장되지 않은 부분으로 주의를 돌린다. 그곳에 집중한다.

매일 아침에 일어날 때, 잠자리에 들기 전 또는 하루 중 내면의 변화가 느껴지는 순간에 감정을 인식하는 훈련을 시작해보자. 무엇보다 중요한 것은 이런 감정 인식 훈련을 통해 당신의 감정을 소

어떤 감정을 느끼는가?

감정에 귀를 기울이는 일이 낯설다면 다음 몇 가지 간단한 질문으로 시작해보자.

- 지금 내 몸이 어떻게 느껴지는가?
- 이 감정들이 다른 감정들과 연결되어 있는가?
- 오늘 나를 화나게 하는 일이 있었는가?
- 그렇다면 어떤 일이었는가?
- 그 일에 대한 나의 감정을 표현하고자 할 때 어떤 단어가 떠오르는가?
- 나는 내 감정을 바꾸기를 원하는가?
- 그렇다면 나는 어떤 감정을 느끼고 싶은가?
- 그런 감정을 느끼기 위해서 내가 할 수 있는 일은 무엇인가?

중하고 정당한 것으로 생각하는 방법을 배우는 것이다. 이것은 내적 치유에서 가장 중요한 단계다.

자신에게 솔직해져라

자신을 솔직하게 대하는 것이 매우 중요하다. 당신은 아주 오랫동안 누군가에게, 어쩌면 사랑하는 사람에게 거짓말을 들어왔고 조종당해왔을 것이다. 그것을 인정하는 일은 매우 고통스럽겠지만, 당신은 더 나은 대우를 받을 자격이 있다. 당신이 진실과 정직을 누릴 권리가 있음을 스스로 인정하고 존중해야 한다.

지속적으로 누군가에게 조종을 당해왔다면 현실 감각이 매우 취약하고 불안정하며 정신적 기반은 흔들리고 있을 것이다. 이런 상황에서는 자신이 정상이 아니라고 생각할 수도 있다. 자신을 왜곡하는 그런 생각에서 벗어나야 한다.

누군가를 학대하는 사람은 자신이 학대하는 대상을 다른 사람들로부터 고립시킨다. 그 결과 피해자는 자신을 학대하는 사람이 자기를 지지해주는 유일한 존재라고 생각할 수밖에 없게 된다. 피해자는 학대받고 있다는 사실을 객관적으로 인정하고 수용하기를 두려워한다. 이처럼 당신이 안전하다고 생각하는 장소가 실제로는 전혀 안전한 곳이 아니라면 어디에 머물러야 할까?

사랑하는 사람에게 상처를 받으면 자존감이 깊이 훼손될 것이다. 그러나 그런 상황이 벌어진 것은 당신 탓이 아니며, 당신에게는 잘못이 없다는 점을 기억하라. 당신에게 상처를 준 사람은 당신 내면의 아름다움과 가치를 인정하지 않을 것이다. 그렇다고 해서 진실이 달라지지는 않는다. 당신의 가치는 변하지 않으며 본질적이다.

당신이 아는 진실을 인정하고 자신에게 솔직할 때, 모래늪 같은 현실 위에 견고한 기반을 세울 수 있다. 이제 당신을 공격하는 거짓말들을 분별하고 거부할 수 있다. 자신을 진실하게 대하는 것이야말로 당신의 힘과 자아의식과 정서적인 행복을 되찾는 첫 번째 단계다.

자기 자신을 수용하기 위한 확언

오랫동안 가스라이팅과 정서적 학대를 견뎌왔다면 수치심을 내면화했을 것이다. 아래의 주문 또는 확언을 반복하거나 묵상함으로써 스스로를 비판하는 말을 자신감 있는 목소리로 바꾸고, 가스라이터의 조종을 대담하게 거부할 힘을 키우자.

- 나는 나 자신으로 충분하다.
- 나는 사랑받을 자격이 있다.
- 나는 가치 있는 존재다.
- 나는 공간을 차지할 수 있다.
- 내 감정은 소중하다.
- 나는 내 내면의 지혜를 신뢰한다.
- 나는 내 모습 그대로 멋진 존재다.

가해자의 전략을 파악하라

필립은 어릴 때부터 수많은 향정신성 약물을 복용해왔다. 필립의 어머니는 그의 심한 감정 기복이 정신질환 때문이라며 약을 먹였다. 대학에 입학했을 때 필립은 자신이 만성 정신질환을 앓는다고 믿었다.

그러나 필립은 오랜 기간에 걸친 약물 부작용에 지쳤다. 그래서 약을 끊으면 어머니의 경고처럼 정신적인 문제가 시작될까 봐 걱정되기도 했지만, 더 이상 약을 먹지 않고 살아가기로 결심했다. 그런데 약을 끊자 필립은 오히려 더 건강해졌다. 필립은 수영팀에 들어가서 새로운 친구 레너드도 사귈 수 있었다.

레너드와 가까워졌을 때 필립은 어머니에 대한 이야기를 털어놓았다. 레너드는 필립의 이야기를 듣고는 필립의 어머니가 그를 가스라이팅한 것 같다고 말했다. 어머니가 필립을 정신과 여러 곳에 데리고 다니면서 아들의 성격에 대한 자신의 평가에 동의하고 아들을 쉽게 통제할 수 있는 약을 처방해줄 의사를 찾았다는 것이다.

필립은 어린 시절을 되돌아보면서 어머니가 정신질환의 증거라고 지적한 짜증과 울음이 통제적이고 비판적이며 자주 격분하는 어머니와 사는 섬세한 소년이 보일 수 있는 자연스러운 반응이었음을 깨달았다. 필립의 어머니는 아들의 상처에 귀 기울이기보다는 아들에게 심각한 정신질환이 있다고 진단하고 약을 처방해줄 의사를 찾았다. 어머니인 자신에 대한 동정심을 불러일으키고, 본인의 잘못에 대한 주의를 다른 곳으로 돌리기 위한 행동이었다.

그 사실을 받아들이는 과정은 필립에게 고통이었다. 그럼에도 필립은 그 깨달음을 단단히 붙잡고 계속해서 자신을 정신질환자로 몰아가는 어머니에게 대항했다. 그러면서 필립은 처음으로 자신이 강하다고 느꼈다.

필립의 삶에서 가스라이팅은 평생에 걸쳐 서서히, 은밀하게 지속되었다. 자신이 가스라이팅당하고 있다는 사실을 알아차리기 어려웠던 것도 그런 이유에서였다. 사춘기에 접어든 필립은 어머니에게 정신적으로 의존하고 있었고, 어머니가 자신을 학대한다는 사실을 인지하고 규정할 수 없었다. 어머니의 행동에 길들여져 자신을 무기력하고 무가치한 존재로 느끼고 수치심을 내면화한 것이다. 필립이 어머니와의 관계를 재검토할 수 있는 공간과 제삼자의 개입이 없었더라면 필립은 영원히 가스라이팅의 사이클을 끊어낼 수 없었을 것이다.

객관적 관점은 가스라이팅 전략을 식별하고 이름 붙이는 데 매우 중요하다. 오랫동안 가스라이팅을 당해왔다면, 필립의 친구처럼 외부자의 관점에서 당신의 경험을 분석하고 비판적으로 검토해줄 사람이 필요하다. 신뢰할 수 있는 누군가가 당신이 의구심을 품은 관계를 맺는 동안 당신을 봐온 사람이라면, 그들의 통찰력은 훨씬 큰 도움이 된다. 당신이 의심하는 자신의 기억을 그가 검증해줄 수 있기 때문이다.

그런 의미에서 이 책은 당신의 기억을 검증하는 객관적 지지자의 역할을 대신할 수 있을 것이다. 2장으로 돌아가 가스라이팅의 일반적 전략을 다시 살펴보고 당신의 경험이 어떻게 반영되는지 확인해보라.

당신의 생각을 물 흐르듯이 적어보라. 다 쓸 때까지 자신을 검열하거나 멈춰서 쓴 내용을 읽지 마라. 평소에 자주 사용하지 않는 손을 써보는 것도 좋은 방법이다. 글씨가 엉망이더라도 이런 전환은 뇌의 직관적인 영역을 활성화한다. 평소에 사용하는 언어 생성 활동은 뇌의 논리적인 반구와 연결되기 때문이다. 자꾸만 막히는 기분이 들 때 새로운 방법을 시도하면 도움이 될 수 있다. 다 썼다면 다시 분석적인 눈으로 쓴 글을 읽어보라.

상황에 구체적인 이름을 붙여라

필립의 이야기는 인식과 수용을 가로막는 장애물의 한 가지 예시를 보여준다. 당신은 '괜히 과장한다' '이기적이다' '거짓말로 가족끼리 싸우게 한다'는 말을 들어왔을지 모른다. 이런 비난은 당신을 침묵하게 하고, 막 깨어나기 시작한 자기이해와 상황 인식을 스스로 의심하게 만들 것이다. 당신을 억압하는 전략을 인지하고 이름을 붙일 때 진실 속에서 담대하게 설 수 있다.

자신감을 회복하고 지금 일어나는 일에 이름을 붙이면 갑작스럽고 미심쩍은 상황의 원인을 이해할 수 있다. 지금까지 누군가에 대해 강렬한 감정과 분노를 느끼면서도 이유를 알 수 없어 답답했을지 모른다. 당신에게 일어나는 일을 규정하고 이름을 붙이면 내면의 감정을 통제할 수 있다. 당신을 조종하는 교묘한 전략의 사슬을 파악하면 그 게임에서 벗어나 자유로워질 수 있다. 당신이 혼자 상상으로 고통을 지어내고 있다는 사람들의 오해와 무시에서 벗어나 자신의 고통을 정당하게 인정할 수 있다.

가스라이팅당하고 있다는 의심이 든다면 그 사실을 스스로 인정하고 '나는 지금 가스라이팅을 당하고 있다'라고 소리 내어 말해보라. 그런 다음 한 발짝 물러서서 구체적인 상황을 살펴보라. 제삼자에게 질문을 하거나, 당신이 아는 내용을 정리하거나, 상황을 목격한 증인에게 그들이 본 것을 확인하며 더 많은 정보를 수집하라. 이런 방법으로 '당신을 미친 사람으로 몰아가는 굴레'에서 벗어나 객관적인 대응 방법을 결정할 수 있다.

예를 들어 바람을 피우는 파트너가 그 문제를 그냥 덮고 지나가도록 당신을 가스라이팅한다는 의심이 들거나, 동료가 자기가 저지른 부패한 행동의 증거를 은폐하도록 당신을 가스라이팅한다는 생각이 들면, 그런 의심을 일으킨 시나리오와 그들이 제시한 평계를 정리해보라. 당신의 상황을 합리화하거나 추론하지 말고 빠짐없이 기록해야 한다. 내용을 모두 종이에 적고 나서 객관적인 관점으로 읽어보라. 예전에 기록했던 내용과 지금 쓴 내용을 비교해보

라. 외부자의 관점으로 검토하고 싶다면 신뢰할 수 있는 친구나 심리치료사와 기록을 공유하는 것도 좋은 방법이다.

당신의 직감을 신뢰하라. 두려움에 사로잡혀 위축되면 안 된다. 당신의 의심을 해소하기 위해 어디서 어떻게 더 많은 정보를 확보할지 생각해보라. 냉정한 진실을 마주하면 한동안은 고통스럽겠지만, 그 과정을 통과해야 불안과 의심의 압박에서 벗어날 수 있다.

당신 잘못이 아니다

관계에서 일어나는 일을 수용할 때 '내 잘못이 아니다'라는 근본적인 진실을 단단히 붙잡아야 한다. 그 관계가 얼마나 복잡하게 얽혀 있든 거짓말, 조종, 가스라이팅의 책임은 정확히 그렇게 행동한 사람의 몫이다.

머리로는 알지만 아직 마음속에 확신이 들지 않을지도 모른다. 그러나 지금부터는 당신이 아는 것을 온전히 믿어야 한다. 확신이 생기기까지는 시간이 걸릴 것이다. 트라우마를 겪을 때 당신이 느끼는 것과 아는 것 사이에 괴리가 생기는 것은 자연스러운 현상이다. 트라우마가 뇌의 정상적인 작용을 방해하고 생각과 감정을 분리시키기 때문이다. 만일 이런 상태에 갇혀 있다면 뇌 기반 치료법과 치료도구의 도움을 받아볼 것을 권한다. 당신이 알고 있지만 감정적으로 느끼지 못하는 진실을 통합하도록 도와줄 것이다.

당신 잘못이 아니라는 진실을 인정하는 것은 어려운 일이다. 특히 가스라이터를 직접 대면하는 상황에서는 더욱 힘들다. 가스라이터의 행동은 본질적으로 자신의 책임을 수용하지 않고 회피하기 위해 고안되기 때문이다. 그들의 게임은 기본적으로 당신에게 책임을 전가하고 당신이 왜곡된 현실을 수용하도록 설계된다. 여기에서 벗어나려면 가스라이터의 전략을 인지하고 거부해야 한다. 무엇보다 당신은 가스라이팅이나 가스라이팅을 은폐하려는 행동에 대해 어떤 책임도 없다는 사실을 수용해야 한다.

수용하기 연습

수용은 매끄럽고 순차적이지 않을 수 있다. 이 과정에서 확신과 자각, 분노가 뒤섞인 혼란스러운 감정을 느낄 것이다. 그러다가 다음 날에는 다시 의심에 늪에 빠질지도 모른다.

당신이 기록한 내용을 다시 살펴보라. 눈을 감고 당신의 감정을 깊이 느끼면서 내면의 지혜의 목소리에 귀 기울여보라.

상황을 명확하게 자각하면 내적 평화를 느낄 수 있다. 슬픔과 분노가 남아 있더라도 혼란스럽던 감정이 점차 평온한 자신감 속으로 녹아드는 것을 알아차릴 수 있을 것이다. 아직은 확실한 결론을 내리지 않아도 된다. 상황을 인식한 것만으로도 이미 변화는 시작되었다. 당신의 상황과 자아를 새롭게 발견하고 키워나가는 과정이 자유로 나아가는 출발점이다.

새롭게 수용한 진실을 내면화하도록 도와줄 연습을 해보자. 지금 있는 공간에서 도움이 되는 방법을 선택해서 활용하기 바란다.

수용전념치료^{acceptance and commitment therapy}(자신의 모든 생각과 감정을 수용함으로써 행동의 변화를 일으키는 인지행동 치료 - 옮긴이)를 변형한 이 훈련은 당신이 회피하는 현실을 명확하게 수용하도록 도와준다. 옆에 당신의 반응을 기록할 노트를 준비하라.

- 첫째, 당신이 회피하고 있는 생각, 감정, 두려움, 기억, 곧 당신의 관계에서 가스라이팅이나 정서적 학대와 연관된 모든 것을 나열해보라.
- 둘째, DOTS를 확인하라.
  - D: 당신은 이런 것들에 대한 생각에서 **주의를 돌리기**^{distractions} 위해 어떤 활동을 하는가? (예: TV 시청, 쇼핑, 잡담, 소셜미디어 참여)
  - O: 그런 것들을 회피하기 위해 무엇을 **선택했는가**^{opt out}? (예: 대화, 대립 또는 관계)
  - T: 이런 진실을 회피하기 위해 당신의 **생각**^{thinking}을 어떻게 바꿨는가? (예: 합리화, 부정, 축소 등)
  - S: 당신에게 일어나는 일에 대한 생각과 감정을 회피하기 위해 어떤 **물질**^{substances}을 이용하거나 **자해**^{self-harming} 행동을 했는가? (예: 알코올, 폭식, 자해 등)
- 마지막으로 이런 방식의 회피가 당신에게 어떤 도움이나 피해를 주었는지 생각해보라. 만일 DOTS를 제거하고 진실을 탐색할 수 있었다면 지금의 당신은 어떤 모습일까? (예: 승진했다. 새로운 친구를 사귀었다. 더 건강해졌다.)

이 연습은 수용 주문과 결합해서 주요한 경혈 지점을 두드리는 지압 원리를 기반으로 한다.

● 0에서 10까지, 가스라이팅과 정서적 학대로 인한 스트레스 강도를 기록한다.

● 다음 문장을 반복하면서 두 손가락으로 눈썹을 두드린다.

"나는 지금까지 나에게 일어난 일을 좋아하지는 않지만, 그럼에도 나 자신을 진정으로 완전하게 수용한다."

● 눈 바깥쪽, 눈 아래 뼈, 코 아래, 턱, 쇄골, 겨드랑이, 마지막으로 정수리를 두 드리면서 각각의 위치에서 위 문장을 반복한다.

● 스트레스 강도를 다시 평가한다. 차분함과 자기수용의 감정이 크게 느껴질 때까지 이 과정을 반복한다.

* emotional freedom technique, EFT(경혈을 두드려 에너지 파동을 일으키고 몸의 에너지 체계를 재조종함으로써 막힌 곳을 제거하는 기술 – 옮긴이)

이 연습은 고통스러운 진실과 감정을 수용하는 과정에서 개인적인 자원과 대응 방법을 개발하는 데 도움을 준다.

● 당신에게 평온한 감정을 주는 구체적인 것 다섯 가지를 나열해보라. 예를 들어 특정한 향초나 에센스 오일, 고양이를 쓰다듬을 때의 감촉, 잔잔한 음악 소리, 허브차의 맛.

1. _____

_____

2. _____

_____

3. _____

_____

4. _____

_____

5. _____

_____

● 위의 다섯 가지 감각 진정 도구를 정서적 학대가 일으키는 감정을 회피하지 않고 극복하는 데 활용해보라. 내면의 평온함을 느끼는 능력을 개발하면 고통스러운 진실에 압도되지 않고 그 진실을 수용할 수 있음을 깨달을 것이다.

이제 당신은 관계에서 일어나는 현실을 수용하기 시작했다. 다음 장에서는 가스라이터와의 전형적인 관계 패턴을 더 자세하게 살펴볼 것이다. 당신의 삶에서 일어나는 일을 더 깊이 이해할수록 그 고리를 끊을 수 있는 힘이 커진다.

가스라이팅의 사이클 이해하기

당신이 악순환에서 빠져나오지 못하는 이유

가스라이팅에서 벗어나려면 가스라이팅의 사이클을 이해해야 한다. 가스라이팅의 일반적인 행동 패턴 중에서 어떤 패턴은 익숙하고, 어떤 패턴은 당신의 경험과 연결되지 않을 것이다. 각각의 행동 패턴을 살펴볼 때 당신에게 일어나는 반응을 살펴보라. 몸은 어떻게 반응하는가? 마음을 열고 그 반응이 말해주는 것을 알아차려라. 당신이 받은 상처를 발견하면 이제부터 무엇에 대항할지 알 수 있다. 가스라이팅의 사이클을 이해하고 당신이 받은 상처를 수용할 때, 앞으로는 그런 피해를 입지 않도록 자기 자신을 보호할 수 있다. 그리고 당신을 생기 있고 행복하게 만들어주는 관계에 마음을 열게 될 것이다.

관계의 패턴

가스라이터가 다른 사람과 맺는 관계에는 몇 가지 공통적인 패턴이 있다. 그러나 가스라이팅이 모두 같은 관계 패턴을 따르는 것은 아니다. 가스라이터와 가스라이팅 대상 사이에 펼쳐지는 죽음의 무도는 가학적이든, 자기애적이든, 방어적이든 가스라이터의 병리학적 측면과 성향에 따라 각각 다른 양상으로 나타난다.

애정공세, 평가절하, 버리기

앤젤리나는 강하고 유능하고 영향력 있는 저널리스트인 상사 로즈가 자신에게 관심을 보이는 것 같아 기분이 잔뜩 들떠 있었다. 로즈의 칭찬과 관심, 점심식사 초대, 흥미로운 업무 배정으로 앤젤리나는 자기 존재가 인정받는다는 느낌을 받았다. 로즈는 언젠가 앤젤리나가 자기 자리에 앉을 수도 있다는 뜻을 넌지시 내비치기도 했다.

그러나 로즈는 때로 앤젤리나를 퉁명스럽게 대했다. 로즈가 앤젤리아의 옷 입는 스타일을 날카롭게 지적할 때마다 앤젤리나는 자기를 위한 충고로 받아들이려고 애썼다. 옷장에 있는 옷들을 로즈의 스타일과 비슷하게 바꾸기까지 했다. 동료들이 모두 있는 자리에서 로즈가 앤젤리나의 글을 신랄하게 비판하고 던져버릴 때도 앤젤리나는 멘토링의 대가라고 생각했다. 로즈는 간간이 자신의 행동은 앤젤리나가 잠재력을 충분히 발휘하게 하려는 의도라고 말했다.

앤젤리나는 업무 능력이 점차 향상되었지만 로즈의 부정적인 피드백은 갈수록 심해졌다. 로즈는 앤젤리나에게 "도대체 제대로 할 수 있는 게 하나라도 있어?" "이거 사람이 쓴 거야, 개가 쓴 거야?" 같은 비난을 퍼붓기도 했다. 시간이 지날수록 앤젤리나는 로즈의 행동을 참기가 점점 힘들어졌다.

그러던 어느 날, 앤젤리나는 로즈가 다른 인턴을 점심식사에 초대하는 모습을 보고 너무 황당하고 기가 막혔다. 자기만 누릴 수 있는 특권이라고 생각했기 때문이다. 두 사람이 사무실에서 걸어나올 때 로즈가 인턴에게 "회사와 너의 미래에 대해 이야기하고 싶어" "너는 엄청난 잠재력을 가지고 있는 것 같아"라고 말하는 소리가 들렸다.

그 후 얼마 지나지 않아 앤젤리나는 로즈의 사무실로 호출되었고 그 자리에서 임시인턴십 해고 통지를 받았다. 간신히 눈물을 참으면서 통지서를 읽는 앤젤리나를 올려다보면서 로즈가 차갑게 말했다. "이제 됐어, 나가봐."

앤젤리나는 결국 굴욕스럽게 직장에서 쫓겨났다.

앤젤리나가 직장에서 겪은 일은 애정공세를 퍼붓다가 평가절하와 버리기로 끝내는 가스라이팅 사이클의 전형적인 예다. 이 사이클을 더 자세히 분석하기 전에 린과 에리히의 관계를 다른 관점에서 살펴보자.

야간 수업이 끝난 뒤 린은 쏟아지는 빗속에서 에리히를 만났다. 타이어에 구멍이 나서 망연자실한 채 서 있는 린에게 에리히가 다가왔다. 그 순간 린에게 에리히는 구세주와도 같았다. 타이어를 교체하는 동안 자기 차 안에서 기다리라는 그의 제안도 따뜻하고 배려 넘치게 느껴졌다.

에리히의 박력 있는 성격에 호감을 느낀 린은 근처 카페에서 몸을 녹이자는 그의 초대를 기꺼이 받아들였다. 두 사람의 관계는 빠른 속도로 발전했다. 에리히는 정말 좋은 남자였다. 잘생기고 배려심 많고 항상 린을 칭찬하고 격려해주었다. 린은 다른 남자들이 그녀에게 관심을 보일 때 에리히가 질투하는 모습조차 귀여웠다.

린은 두 사람의 관계가 천천히 발전하기를 원했지만 에리히는 빨리 깊은 관계를 갖고 싶어했다. "나도 어쩔 수가 없어. 너를 보면 미칠 것 같아." 린은 결국 그의 말에 따를 수밖에 없었다.

린이 에리히의 변화를 눈치챈 것은 그로부터 얼마 지나지 않아서였다. 에리히는 점점 린에게서 멀어지는 것 같았다. 데이트를 할 때마다 그의 시선은 다른 여자들을 향해 있었다. 그러나 에리히는 단지 린의 상상일 뿐이라고 말했다. 때때로 에리히는 마음을 후벼파는 차가운 '비판'으로 그녀를 아프게 했다. 린이 그가 달라진 것 같다고 말하면 에리히는 코웃음을 치면서 이렇게 말했다. "너 같은 여자가 나 같은 남자 만나는 걸 고마워해야지. 넌 너무 보잘것없잖아. 난 내가 원하는 여자는 다 가질 수 있어."

얼마 후 린은 수업을 마치고 나오다가 그녀의 차 옆에 주차한 에리히가 다른 여자와 키스하고 있는 모습을 보았다. 에리히는 자신의 잔인한 말을 증명해 보이기라도 하듯이 린을 똑바로 보면서 씩 웃더니 새 여자친구에게로 돌아섰다.

조건 없이 한결같은 애정을 주고받는 진정한 사랑의 패턴을 경험해보지 못한 사람은 진실한 사랑과 애정공세를 구별하지 못한다. 사랑은 상대방과 상대의 행복을 중요하게 여긴다. 그러나 애정공세는 자기 자신만 중요하게 여기며, 상대를 소유하고 조종하고 통제하려는 자신의 욕망을 우선순위에 놓는다. 애정공세는 선물, 아첨, 과도한 칭찬 같은 행동으로 표현된다. 애정공세는 우정이나 연인관계를 시작할 때 빠른 속도로 의존적인 관계를 발전시킨다. 그러다가 시간이 지나면 당신에게 어떠한 도움을 주었는지 상기시키고, 당신의 약점과 문제점을 들춰낸다.

가스라이터들은 당신의 꿈을 모두 이루어줄 것처럼 약속한다. 그러나 환상일 뿐이다. 일단 당신을 손에 넣으면 당신을 평가절하하고 결국은 내치고 버린다. 심지어 당신을 비판하고 다른 사람들과 비교하면서 수치심을 준다. 연인관계에서는 자신의 행동은 감추고 방어하면서 당신을 비하한다. 친구관계에서는 당신을 언어적으로 공격하고 몰아세운다.

반면에 진정한 사랑은 당신의 안녕과 행복에 초점을 맞춘다. 있는 그대로의 당신을 좋아하고 당신과 함께 있는 시간을 행복해한다. 대가를 기대하지 않고 진심으로 당신을 칭찬한다. 선물을 주고 나중에 생색을 내거나 당신이 빚졌다고 느끼게 하지 않는다. 당신에게 도움을 주었거나 당신을 위험에서 구해주었더라도, 그 행동을 내세우지 않고 현재 당신과의 관계에 초점을 맞춘다.

애정공세형 가스라이터는 포식자가 먹이를 노리는 것처럼 정교하게 치장한 겉모습 뒤에 숨어서 당신을 끌어들이고 탐색한다. 배려 깊게 당신의 말을 들어주는 척하지만, 당신을 통제하고 이용할 속셈으로 당신의 약점과 취약성을 캐낸다. 겉으로는 진심에서 우러나온 애정처럼 보일 수도 있다. 친밀한 관계, 특히 성적인 관계를 맺을 때 인간의 뇌에서 옥시토신oxytocin이라는 호르몬이 방출된다. 이 호르몬은 상대방에 대한 충성심을 촉진한다. 옥시토신은 사랑의 감정과 유대감을 형성함으로써 인간의 사회적 연결을 강화하는 역할을 한다. 이런 감정을 느끼는 것은 매우 멋진 경험이다. 그러나 그 감정이 정당한 분노의 표출을 가로막을 수도 있다는 사실에 유념해야 한다.

애정공세형 가스라이터가 일단 당신을 유인해서 애착을 확보하는 데 성공하면, 곧 그 게임이 지루해지기 시작한다. 이 시점에서 그는 당신을 깎아내린다. 사실 그가 변한 것은 아니다. 당신의 좋은 점을 감탄하고 칭찬하면서도 처음부터 어느 정도 당신을 경멸하거나 싫어하고 있었을 것이다. 이제 그의 목표는 당신의 장점을 파괴하고, 자기 자신이 관계의 중심과 지배권을 차지하는 것이다. 이 단계에서 그는 당신을 비판하고 조롱한다. 자신의 성취는 강조하면서 당신의 성취는 깎아내린다. 다른 사람들에게 당신을 비하하는 말을 한다. 과거에 준 선물과 호의를 당신이 진 빚으로 돌리고 자신의 권리를 주장한다.

쥐와 함께 있는 고양이를 보면 이 패턴을 이해할 수 있다. 고양이는 처음에는 열렬한 관심을 가지고 쥐를 탐색한다. 그런 다음 쥐를 괴롭히다가 풀어주고 다시 공격하면서 가지고 논다. 고양이는 결국 게임에 싫증을 내고 쥐를 죽이거나 치명적인 상처를 입히고 다른 목표물로 이동한다. 고양이에게 최종 결과는 게임보다 중요하지 않다. 마찬가지로 애정공세형 가스라이터는 결국 게임에 싫증을 내고 따른 목표물로 이동한다. 가스라이터는 게임의 초기 단계부터 이미 새로운 목표물을 탐색하고 있었을 것이다. 자기애성 가스라이터나 가학성 가스라이터는 지속적으로 숭배받기 위해서 항상 자신을 떠받들 여러 대상을 물색하기 때문이다.

후버링

야네케는 결국 마이크와 헤어졌다. 그녀는 마이크가 술에 취한 상태에서 아이들을 태우고 운전했다는 증거를 가지고 그와 맞섰다. 야네케는 살던 집 문밖으로 당당하게 걸어나왔다. 차에는 아이들과 미리 꾸려놓은 짐이 있었다. 함께 사는 동안 마이크는 자신의 행실을 부인했고 그때마다 야네케는 자신이 이상한 것인지 의심했다. 그로 인해 그녀는 오랫동안 그의 속박에서 벗어날 수 없었다.

며칠 후 야네케는 SNS에서 다른 여자들과 함께 있는 마이크의 사진들을 봤다. 황당해하는 야네케에게 마이크의 문자 메시지가 도착했다. "여보, 나 일자리를 잃었어. 집세 낼 돈이 없어. 이번 한 번만 도와줄 수 없을까?" 그녀는 마이크가 불쌍해서 돈을 보냈다. 어쨌든 마이크는 아이들의 아버지였다. 그가 길거리로 쫓겨나게 할 수는 없었다.

그때부터 마이크의 메시지와 전화가 점점 잦아졌다. 마이크는 꽃을 들고 그녀의 아파트에 찾아와 용서해달라고 빌었다. 자기를 차단하면 자해하겠다고 위협까지 했다. 그러던 어느 날 마이크는 차에 짐을 잔뜩 싣고 나타나 아파트를 날렸다고 말했다. '마이크를 받아주어야 하는 걸까? 그러면 다시 이전과 똑같은 삶으로 돌아갈 거야. 그렇지만 마이크에게는 내가 필요해.' 야네케는 혼란스러웠다.

그녀는 어깨너머로 두 사람을 쳐다보고 있는 아이들의 얼굴을 보았다. 아이들은 아빠를 보고 싶어했다. 마이크는 술을 끊겠다고 약속했다. 어쩌면 새로운 출발을 할 수 있을지도 모른다. 야네케는 문을 열고 마이크를 집으로 들였다.

　후버링^{hoovering}(진공 청소기 상표명 후버를 딴 명칭으로, 자신의 관계
망 속에 상대를 다시 빨아들이기 위해 활용하는 전략을 일컫는다 - 옮긴
이)은 가스라이터가 일반적으로 많이 사용하는 행동 패턴이다. 애
정공세, 평가절하, 버리기의 사이클이 끝나면 그들은 한동안 다른
대상을 통해 숭배받고자 하는 욕망을 채운다. 그러나 상대방을 통
제하려는 그들의 욕구는 끝이 없다. 그럴 때 가스라이터는 함께 나
눈 시간에 대한 기억, 자녀, 약속, 연민, 거짓말 등 온갖 수단을 동원
해서 당신을 다시 끌어들이려고 한다. 진공청소기처럼 당신의 자
아와 독립심을 가스라이터가 가진 욕망의 끝없는 공간 속으로 빨
아들인다.

　후버링은 관계의 초기 단계부터 같은 패턴을 반복한다. 애정공
세, 평가절하의 사이클이 반복되면서 속도가 점점 빨라진다. 어느
단계든 오래 지속되지 않기 때문에 당신은 상대의 행동 패턴을 인
지하거나 익숙하게 느끼지 못한다. 가스라이터는 사과나 아첨, 더
나은 미래에 대한 약속, 선물, 약간의 죄책감이 섞인 말이나 모욕적
인 말을 뒤섞어서 당신을 후버링한다. 당신은 불안하고 혼란스러
운 감정을 느끼면서도 한편으로는 희망을 품게 된다. 가스라이터
는 자신의 목적을 위해 의도적으로 당신이 복잡한 감정을 느끼도
록 만든다. 후버링 단계에서는 가스라이터가 당신을 모욕하지는

않으리라 생각하겠지만, 그들은 급격히 비판을 주입한다. 그를 떠나갈 자신감과 힘을 잃게 만들려는 속셈이다. 당신과 공유한 과거를 왜곡해서 오히려 자신이 당신 때문에 피해를 입었다는 식으로 꾸며낼 수도 있다. 혼란스럽고 판단이 서지 않을 때는 당신의 직감을 신뢰해야 한다. 당신이 느끼는 죄책감은 가스라이터가 의도적으로 만들어낸 감정임을 기억하라. 두 사람 사이에 어떤 일이 있었는지, 당신이 떠나야 하는 이유가 무엇인지 당신은 분명하게 알고 있다. 가스라이터의 전략에 흔들리면 안 된다.

잠수이별과 벽 쌓기

욜란다는 친구 샌드라를 진심으로 좋아했다. 그들은 아트스쿨에서 만나 금세 친해졌다. 얼마 지나지 않아 샌드라는 욜란다에게 함께 방을 쓰자고 제안했고 욜란다는 흔쾌히 동의했다.

처음에는 함께 사는 것이 정말 재미있었다. 그러나 욜란다가 점차 다른 친구들을 사귀면서 샌드라는 욜란다를 향한 애정과 분노의 감정 사이에서 흔들렸다. 욜란다가 친구들과 초밥을 먹으러 나가면 샌드라는 일주일 동안 그녀와 말을 하지 않았다.

욜란다는 몇 번이나 왜 그러는지 물었지만 샌드라는 그냥 어깨를 으쓱하거나 "아무것도 아니야"라고 중얼거렸다. 며칠 뒤 욜란다는 샌드라의 마음을 달래려고 메시지를 보냈다. 욜란다는 "과민하고" "아무것도 아닌 일을 크게 만든다"고 비난하는 답장을 받았다. 그 후 샌드라는 평소 같은 태도로 돌아왔지만, 두 사람 사이에 뭔가 껄끄러움이 있었다는 사실을 인정하지 않았다. 욜란다는 당혹스러웠다. 그냥 내가 혼자 상상한 걸까?

얼마 뒤 둘 사이에 더 큰 균열이 생겼다. 욜란다가 연애를 시작한 것이다. 샌드라는 욜란다가 자기에게 전혀 시간을 내주지 않는다면서 자주 불평했다. 욜란다가 데이트 계획을 세울 때마다 샌드라는 위기감을 느꼈고 그런 감정을 당장 대화로 풀려고 했다.

어느 날 밤 욜란다가 남자친구와 댄스파티에 가기 위해 막 출발했을 때 샌드라에게서 메시지가 왔다. 욜란다는 나중에 확인하겠다고 생각하고 두 시간 동안 메시지를 무시했다.

아파트에 돌아왔을 때 샌드라는 집에 없었다. 욜란다는 그제야 샌드라의 메시지에 답을 보냈다. 그러나 샌드라는 아무 답장도 하지 않았다. 다음 날 아침 일어났을 때도 연락이 되지 않자 욜란다는 불안하고 걱정이 되었다.

욜란다는 강의실에서 샌드라를 발견하고 그녀에게 다가갔다. 샌드라는 친구 집에서 지내고 있다고 딱 잘라 말하고는 반대편으로 가서 앉았다. 샌드라는 그때부터 계속 욜란다의 메시지와 대화를 무시했다. 그러다가 급기야 주말에 집에 와서 짐을 챙겨 나갔다. 욜란다는 샌드라의 생각을 이해하려고 다시 연락을 했지만 샌드라가 자기 번호를 차단했음을 깨달았다.

샌드라는 애정공세로 시작해서 평가절하, 버리기로 이어지는 가스라이터의 여러 가지 행동 패턴을 보여준다. 그리고 연락을 차단하거나 침묵으로 일관하는 벽 쌓기^{stonewalling}(상대방의 관점을 완전히 무시하고 들으려 하지 않는 행동 – 옮긴이) 전략으로 룸메이트가 자기를 쫓아오게 만든다. 마지막으로 샌드라는 갈등을 해결하려는 시도조차 하지 않고 집에서 나가 전화번호를 차단하는 잠수이별^{ghosting}(연인이나 친구 사이에서 한 사람이 일방적으로 연락을 끊어버리는 행동 – 옮긴이) 전략을 사용한다.

가스라이터는 자기 영향력 안에 있는 사람들을 통제하기 위해 이런 여러 가지 책략을 이용한다. 당신을 감동시키고 관심을 강요하기도 하지만, 때로는 침묵을 지키면서 당신이 그의 감정을 상하게 했을까 봐 걱정하도록 조종한다. 결국 당신은 그에게 화해의 손길을 내밀고, 그는 당신을 지배하는 힘과 우월성을 확보한다.

조력자 만들기

가스라이터는 주변에 자신의 악의적인 계획을 지지해줄 조력자들을 두는 경우가 많다. 〈오즈의 마법사^{The Wizard of Oz}〉에 등장하는 마녀의 부하들 명칭을 따서 '날아다니는 원숭이^{flying monkeys}'로 불리는 조력자들은 자기들의 이기적인 목적을 위해서 가스라이터가 다른 사람을 학대하는 일을 돕는다.

날아다니는 원숭이가 항상 자신의 역할을 인지하는 것은 아니다. 조력자도 가스라이터가 조작한 현실을 믿도록 조종당하는 무고한 꼭두각시일 수 있다. 가스라이터가 선한 사람이며 자신은 정당한 이유로 그를 지지하고 있다고 믿게끔 가스라이터에게 당한 피해자일 수도 있다.

반면 영악한 조력자는 유명세를 얻기 위해 인기나 권력을 가진 가스라이터의 환심을 사려고 추잡한 일을 하기도 한다. 예를 들어 권위주의적인 정당에 속한 정치인은 자신의 기반을 다지기 위해 특정 정치인의 잘못된 행동을 정당화하고 은폐하는 날아다니는 원숭이가 될 수 있다.

가족관계에서 조력자는 가족 구성원 중 한 명을 희생양으로 만들기도 한다. 가족상담에서는 이렇게 희생양 역할을 하는 가족 구성원을 '지목된 환자identified patient'(문제를 겪는 가족 안에서 가족의 핵심적이고 내적인 갈등을 표출하도록 무의식적으로 선택된 가족 구성원 – 옮긴이)라고 한다. 조력자는 피해자를 비난하고 수치심을 주는 행동으로 가스라이터의 편을 든다. 실제로 폭행당한 피해자가 학대 사실을 가족들에게 이야기하면 오히려 그 사실을 폭로하는 바람에 가정이 망가졌다며 피해자를 비난하기도 한다. 결혼생활에서 학대당한 피해자를 상담하는 목회자가 성서의 가치관을 바탕으로 학대한 배우자를 용서하고 가정에 충실하라고 강요하거나, '양쪽 모두에게 잘못이 있다'는 입장을 취하며 가해자에게 면죄부를 줄 수도 있다. 아내가 자녀를 학대하는 남편의 행동을 '훈육'으로 정당화하고 자녀의 잘못된 행동에 초점을 맞추는 것도 가스라이팅을 돕는 조력자의 행동이다.

조력자는 당신을 감시하거나 위협하고, 당신에 관해 험담할 수 있다. 조력자의 이런 행동은 가스라이터를 피해자로 설정하고 그의 비행을 은폐한다. 가스라이터는 조력자에게 직접적이거나 간접적인 보상, 존중, 높은 지위 등을 약속하거나 자신의 매력과 카리스마를 이용해서 지지를 확보한다. 가스라이터는 조력자에게 당신을 비하하고 조롱하는 말로 자신에 대한 의혹을 잠재우고 행동의 정당성을 주장한다.

경계에 대한 기존의 태도 검토하기

가스라이팅의 특징 중 하나는 당신을 한 개인으로 존중하지 않는다는 것이다. 가스라이터는 끊임없이 타인의 경계를 침범함으로써 건강한 관계의 틀을 부수고 자신의 의지를 마음대로 행사한다.

타인이 관계의 경계를 침범하는 일은 느리고 점차적으로 진행되기 때문에 알아차리기 쉽지 않다. 가스라이터는 항상 당신에게 관심을 가지고 배려하는 척한다. 그래서 당신은 그것을 사랑으로 착각할 수 있다. 그들은 당신의 경계를 침범하는 자신의 행동을 변명하기 위해 "당신이 너무 보고 싶어서 그랬어" "당신이 내게 너무 소중한 존재라 질투가 나서 그런 거야"라는 말로 당신을 혼란스럽게 만든다.

자녀의 자율성을 존중하지 않는 부모 밑에서 성장한 사람은 성인이 되어서도 부모나 다른 사람과의 관계에서 후버링, 검사, 엄격한 규칙, 절식, 체벌, 경계 침범 등을 정상적이고 당연한 행동으로 받아들이기 쉽다. 건강한 관계를 경험하지 못한 사람은 존중받는다는 것이 어떤 것인지 모르기 때문에 마땅히 경계해야 할 가스라이터의 행동을 해가 되지 않는 정상적인 행동으로 인식하기 십상이다.

관계에 대한 건강한 태도

건강한 관계가 어떤 것인지에 대해 올바른 시각을 갖는 것은 매우 중요하다. 건강한 관계와 건강하지 않은 관계를 비교함으로써 현재 맺고 있는 관계의 패턴을 판단하고 미래에 대한 비전을 세울 수 있기 때문이다. 건강한 관계에서는 자신의 공간이 확보된다. 한계를 정하고, 상대방의 말에 '아니요'라고 말하고, 헌신할 대상을 선택할 수 있다. 또한 주변 사람들은 당신이 설정한 경계를 호의적으로 수용하고 존중한다. 다른 사람들이 자신의 필요와 요구를 표현할 수는 있지만, 그것들을 충족시키거나 변화시키는 일이 당신의 몫이 아님을 잘 알고 있다. 그런 책임감을 느끼지 않고도 상대방을 배려할 수 있다. 이처럼 건강한 관계에서는 서로를 존중하고 상호작용하며 서로를 성장시킨다.

다른 사람과의 관계에 대한 의무감

정서적 학대가 일어나는 가정에서 성장한 사람은 상황을 진정시키는 역할을 떠맡기도 한다. 어떤 아이들은 부모의 가혹행위에 반발하고 그로 인해 더 나쁜 대우를 받는다. 그러나 어떤 아이들은 어른의 행동 패턴을 관찰하면서 착한 아이, 완벽한 아이가 되어야 한다고 판단하고 생존 전략을 세운다. 그런 아이들은 자신을 보살펴야할 어른을 오히려 자신이 달래고 분노를 누그러뜨리는 역할을 떠맡는다. 정서적으로 큰 부담을 지는 것이다.

발달 시기에 이런 행동 패턴을 선택해서 부모의 관심과 편애를 강화하거나, 적어도 공격을 덜 받는 경험을 한 아이들의 뇌는 타인을 기쁘게 하는 행동을 강화하는 보상회로를 발달시킨다. 이런 뇌의 신경회로에는 말로든 감정적으로든 다른 사람을 기쁘게 하고 '비위를 맞추는 것'이 곧 생존이라는 개념이 새겨진다.

이런 패턴은 쉽게 깨지지 않는다. 이런 사람들은 어릴 때는 선생님이나 친구들과의 관계에서, 성인기에는 연인·상사·종교단체 지도자들과의 관계에서 권위적인 성향이 있는 사람들의 의견을 따르는 것이 자연스럽거나 적절하거나 심지어 안전하다고 느낄 수 있다. 발달기의 트라우마 반응이 내면화되어, 무의식적으로 누군가에게 '아니요'라고 말하는 것은 위험한 행동이고 동조하는 것이 좋은 행동이라는 신호를 보내기 때문이다. 그 결과 누군가에게 '아니요'라고 말하기를 어려워하거나 심지어 불가능한 일로 느낄 수 있다.

이런 경험은 켄드라의 데이트 패턴에도 영향을 끼쳤다.

켄드라가 직장에 처음 들어갔을 때 아르망은 그녀에게 호감을 보였다. 아르망은 항상 켄드라가 자기 밑에서 일하도록 작업 스케줄을 조정했고, 자주 추가 교대근무를 요구했다. 켄드라는 거절하면 그가 불쾌해할까 봐 두려운 마음에 그의 요청을 곧바로 따랐다.

어느 날 켄드라는 휴게실에서 아르망과 단둘이 있게 되었다. 그때 아르망이 갑자기 켄드라의 어깨를 잡더니 강제로 키스를 했다. 켄드라는 너무 놀라서 황급히 그에게서 몸을 빼냈다. 아르망은 그런 그녀를 보고 음흉한 미소를 지으며 휴게실에서 나갔다. 그날 저녁 늦게 아르망에게서 메시지가 왔다. "내일 퇴근 후 같이 영화 보러 갈까? 갈아입을 예쁜 옷을 가져오는 게 좋겠어." 켄드라는 전혀 내키지 않았지만 어떻게 답변해야 할지 몰라 그저 "알았어요"라고 답장을 보냈다.

이 이야기에서 켄드라는 '비위 맞추기'의 예를 보여준다. 발달기의 학대에서 생존한 사람은 모든 것이 정상이라는 안정감을 얻기 위해 갈등을 분산시키려는 태도를 취한다. 다른 사람들이라면 잠재적 위험이나 경계 침범으로 인식할 상황을 마주했을 때조차 말이다. 부모에게서 반복적으로 "너는 나에게 '싫어'라고 말하면 안 돼!" "나한테서 떨어져서 걸으면 안 돼!"라는 말을 들으며 성장한 켄드라는 누구에게도 자기주장을 못하는 사람이 되어버린 것이다.

이처럼 어린 시절에 정서적 학대를 경험하고 욕구를 표현하면 체벌을 받은 사람은 비위 맞추기를 습득한다. 이 패턴은 평생 지속되기도 한다. 중요한 애착 욕구를 충족시키기 위해 자신의 모든 욕구를 포기하고 상대방에게 굽실거린다. 상대방에게 쓸모 있는 존재가 되어야 한다고 생각해서 자신의 권리와 필요, 욕구를 표현하지 못하고 상대방에게 정신적으로 의존한다. 두 사람 사이에 갈등이 생기면 빠르게 항복하고 상대방의 관심과 친절, 칭찬의 부스러기를 기대하면서 건강하지 못한 관계를 지속한다.

이런 사람은 쉽게 가스라이터의 표적이 된다. 그들은 당신의 충족되지 않은 애착 욕구와 비위 맞추기 패턴을 예리하게 알아차리고 자신의 이익을 위해 당신을 조종한다. 어린 시절에 평등하지 않은 관계를 경험하면서 성장한 사람은 평생 그런 관계의 패턴을 받아들이는 경향이 있다.

이제는 그런 학습된 패턴에서 벗어나야 한다. 당신은 누군가가 원한다는 이유로 그 사람과 관계를 맺거나 복종할 필요가 없다. 당신은 누군가와의 관계에서뿐만이 아니라 당신의 존재 자체만으로도 지극히 소중하고 가치 있는 사람이다. 당신에게는 당신의 가치를 알아주고, 당신을 사랑하고, 당신을 소유 대상으로 여기지 않는 사람과 관계를 맺을 자격이 있다. 당신은 모든 관계에서 존중받고, 소중하게 대우받고, 동등하게 인정받아야 한다.

분노와 거부에 대한 두려움

상대방의 행동에 대한 두려움이든 침묵에 대한 두려움이든, 두려움은 강력한 동기다. 두려움은 내재적인 투쟁-도피 반응을 촉발한다. 이는 뇌 깊은 곳에 있는 편도체^{amygdala}에 의해 활성화되며, 신경계 호르몬을 자극해서 위험에 직면했을 때 생존을 위한 준비를 하게 한다. 동물이 위험 상황에서 싸우거나 도망치거나 죽은 척하는 것과 같은 반응이다. 이 반응은 신속하고 무의식적이며, 선천적이고 본능적이다. 모든 인간의 자연스러운 반응이므로 부끄러워할 필요가 없다.

가스라이터는 신체적 위험까지 느껴지는 분노를 발산하거나 암묵적인 위협으로 거절하지 못하게 하면서, 당신에게 고립되고 생존이 위협받는다는 본능적인 감각을 활성화시키고 당신을 두려움에 빠뜨린다. 인간은 이런 일에 강렬한 생물학적 반응을 보이도록 설계되어 있다.

개인의 트라우마 이력이 이 타고난 신경회로의 배선을 좌우한다. 당신을 향하든 부모끼리나 공동체 안에서 벌어지든, 자주 분노를 폭발시키는 환경에서 자라난 사람은 공포 반응 패턴이 지나치게 활성화되어 언제나 준비 태세를 갖추게 된다. 마찬가지로 성장 과정에서 가정이나 학교에서 방치되거나 거부당하는 경험을 한 사람은 자신을 거부하는 징후에 매우 민감하다. 당신의 성장 과정을 이해하는 일은 현재 당신이 가스라이터에게 반응하는 패턴을 이해하는 열쇠다.

가학적인 가스라이터는 당신의 민감성을 교활하게 파악하고 악용한다. 당신을 안심시키고 보호하고 사랑으로 감싸주기는커녕 몰인정한 게임 안에서 당신의 민감성과 상처를 조종하고 이용한다. 그러고는 당신이 고통을 견디지 못하고 관계를 떠날 결정을 내리기 직전에 재빨리 친절 모드로 둔갑해서 당신을 덫에 가둔다.

이런 패턴은 당신을 무기력하게 만든다. 당신이 경계를 세우고 강화하지 못하게 함으로써 스스로를 지지하고 보호하려는 모든 노력을 약화시킨다. 당신의 두려움과 투쟁-도피 반응의 근원을 이해하면 자신을 연민할 수 있는 틈이 생겨난다. 누군가가 당신에게 분노를 표출할 때 느끼는 불쾌한 감정과 반발심은 지극히 정상이다. 당신의 감정을 알아차리고 자신을 너그럽게 받아들여야 한다.

두려움이 당신을 압도할 때에는 스스로의 경계를 지킬 권리가 있음을 기억하라.

더 많이 알수록 더 깊이 치유된다

당신이 가스라이팅을 견뎌냈다는 사실을 수용해야 가스라이팅의 사이클과 그것이 삶에 끼치는 영향을 이해할 수 있다. 당신이 겪은 일들이 당신을 가스라이팅에 취약하게 만들었음을 이해하면 더 깊은 치유가 삶의 어떤 영역에 도움이 될지 파악할 수 있다. 자기연민을 가지고 이런 인식을 유지하기 바란다. 다음 섹션에서는 '치유' 과정을 한층 깊이 다루려고 한다.

지금은 자신을 평가할 때가 아니다. '이런 상황을 왜 더 빨리 알아차리지 못했을까?'라는 비난으로 자신을 몰아세우지 마라. 선실 내부에서는 배 전체를 볼 수 없다. 이 책을 당신이 타고 있는 배의 설계도로 생각하라. 이 지도를 통해 선실 밖으로 나갈 것인지, 배에서 내릴 것인지를 결정하라.

다음 연습들은 당신이 가스라이팅의 사이클을 인지하고 그 사이클에서 벗어나는 데 도움을 줄 것이다. 옆에 노트를 두고 다음 내용을 주의 깊게 읽어보자.

2단계를 읽을 때 어떤 사이클이나 패턴이 마음에 와닿았는가? 어떤 패턴이 당신의 경험과 가장 일치했는가? 잠시 멈추고 가장 익숙하게 느껴지는 사이클을 골라 그 패턴과 일치하는 관계의 예를 적어보라. 이때 어떤 감정이 생기고, 몸의 어떤 부분이 긴장되는지 살펴보라. 그것이 당신에게 무엇을 말해주는지 주목하라.

사이클이나 패턴 :

_____

_____

내 경험 :

_____

_____

_____

_____

_____

_____

_____

_____

분노에 대한 두려움 다루기

이 연습은 '우리가 보는 것이 우리의 감정에 영향을 끼친다'는 단순한 사실을 바탕으로, 부적응적공포반응maladaptive fear reactions(외상적 사건과 연관된 사고나 감정, 기억으로 인한 과도한 공포 반응 - 옮긴이)을 감소시키기 위해 브레인스포팅brainspotting(내담자의 시선을 특정 부분에 고정시킴으로써 다양한 심리적 문제를 단기간에 처리할 수 있도록 하는 획기적인 뇌과학 기반 트라우마 치료법 - 옮긴이) 요법의 시선 관찰과 마음책임 원리를 시각화 기술과 통합한 것이다.

최근에 말로 인한 갈등 때문에 화가 났던 상황을 떠올려보자. 도망치거나 방어하거나 반격하려는 본능이나 갈등이 일어났을 때 느꼈던 답답한 감정에 주목해보자. 자연스러운 반응임을 스스로 인식하라.

공포를 동반하는 얕은 호흡을 막기 위해 천천히 깊게 호흡한다. 뇌로 가는 혈류의 방향을 돌려서 더욱 고차원의 의사결정을 할 수 있다. 호흡에 금세 익숙해지지 않더라도 가슴을 펴고 턱을 들어올려 당당한 자세를 만들고 동작에 따라오는 감정의 변화를 알아차려보라.

거절에 대한 두려움이나 분노를 일으키는 사건을 겪는 와중에 자리에서 일어나 당당하게 자신의 의견을 말하는 장면을 상상해보자. 어떤 기분이 드는가? 몸의 어느 부분에서 힘이나 차분함이 느껴지는가? 이 두 가지 느낌에 주목하라.

장면을 상상할 때 눈이 자연스럽게 향하는 곳에 주목하라. 시선을 그곳에 있는 무언가에 고정하라. 자세를 유지하면서 떠오르는 이미지나 몸의 감각에 주목하라. 시선을 왼쪽에서 오른쪽으로 주의 깊게 이동하다가 몸에서 가장 강하게 힘이 느껴지는 지점에서 멈춘다. 당신에게서 가까운 곳이든 먼 곳이든 그 지점을 찾아내고 그곳에 시선을 고정한 채 내면에서 일어나는 변화에 주목한다. 서두르지 말고 충분히 오랫동안 실행한다.

평온하고 차분한 기분이나 용기가 느껴지면, 잠시 눈을 감고 깊게 천천히 호흡한다. 새로운 통찰을 노트에 기록한다.

당신이 '아니요'라고 말할 수 없다고 느꼈던 세 가지 상황을 적어보라.

1. _____

   _____

2. _____

   _____

3. _____

   _____

각각의 상황이 어떻게 종결되었는가? 각 상황을 되돌아볼 때 어떤 느낌이 드는가? 각각의 상황에서 당신이 한계를 설정했을 때 따라올 수 있는 긍정적인 결과를 상상해본다.

이 장을 읽고 나서 당신은 지금까지 당신에게 일어난 일이 진짜였음을 수용하고, 학대를 지속시키는 패턴과 사이클을 더 깊이 이해했을 것이다. 이제 이해가 깊어지면서 드러나는 감정을 풀어줄 단계다.

다음 3단계에서는 치유에서 '슬픔'이 필수 과정인 이유를 살펴본다.

내가 잃은 것을 '충분히' 슬퍼하기

치유를 위한 통과의례

당신이 겪은 모든 일의 진실과 무게가 분명하게 드러날 때, 현실을 회피하거나 부정하거나 우울한 감정으로 도망치고 싶은 유혹을 느낄 것이다. 슬픔은 이런 감정들과 다른 감정이다. 슬픔의 단계를 통과해야 고통 속에서도 상처의 일부를 치유하고 극복할 수 있다. 이 장을 읽어나가면서 자신을 부드럽고 따뜻하게 대해야 한다는 것을 기억하라.

왜 슬퍼해야 할까?

가스라이팅·조종·정서적 학대를 당해왔고, 그 패턴이 이미 굳어져서 쉽게 바꿀 수 없다는 현실을 수용하면 매우 큰 상실감을 느낄 것이다. 당신의 관계가 지금과 달라질 수 있다는 희망, 동화 속 판타지 같은 아름다운 결말이 있을 것이라는 희망을 잃어버리는 아픔이다. 가스라이터와 관계를 끊기로 결정한 사람은 비록 건강하지 못했지만 자신의 큰 부분을 차지했던 관계 자체를 상실하는 아픔을 겪는다. 그와 더불어 잃어버린 시간을 자각하는 고통이 따라온다.

어떤 관계든 시작 단계에 애착이 점차적으로 형성되는 것처럼 관계의 종결 역시 점차적으로 진행된다. 시간이 지나면서 감정의 의미와 깊이가 더해지듯이 감정이 사라지고 해결되는 데에도 시간이 필요하다. 친밀한 관계는 인간다운 삶을 사는 데 매우 중요한 조건이므로 관계가 우리의 필요와 희망, 기대에 부응하지 못할 때 슬픔을 느끼는 것은 당연하다.

그러나 상처를 치유할 때 동반되는 슬픔의 고통을 극복하지 않고 고통스러웠던 과거를 차단한다면 당신의 일부분과 삶의 이야기를 이해할 기회를 놓치고 말 것이며, 현재의 당신을 완전하게 이해할 기회도 잃는다. 또한 잃어버린 것에 대한 고통을 계속 끌어안은 채 그 고통의 압력을 견뎌낼 때 생성되는 다이아몬드, 곧 성찰과 수용, 슬픔을 끝냄으로써 얻을 수 있는 인격적인 성장의 기회를 놓칠 것이다.

애도의 과정이 없으면 오랜 시간 무감각과 부정의 초기 단계에 머무른 채 계속해서 둔한 고통에 시달리게 된다. 해결되지 않은 슬픔은 우울증, 낮은 자존감, 신체질환과 함께 다른 관계에 부정적 영향을 끼치는 것으로 나타난다.

고통스럽지만 반드시 거쳐야 하는 애도의 과정을 건너뛸 수는 없다. 슬픔을 직시하고 놓아줄 때까지 상실감은 당신을 무겁게 짓누를 것이다. 당신이 지금 느끼는 감정은 진짜다. 스스로 슬픔을 느끼고 놓아버리도록 하라.

상실의 경험

관계를 맺고 있는 상대방이 가스라이터라는 현실을 받아들이면 깊은 상실감을 느낄 수 있다. 죽음으로 인한 관계의 상실과 겉으로는 다르지만 본질적으로는 동일한 실제적인 상실이다. 이런 유형의 슬픔은 다른 사람들이 인정하지 않을 수 있고 전형적인 애도의 의식과 위로를 누리지 못할 수도 있다. 하지만 이러한 슬픔은 내면세계와 외부 조직 모두에서 소중한 것을 상실했으며 삶의 방향이 바뀌었음을 보여준다.

저마다 고유한 상황과 대상이 다른 만큼 애도는 사람에 따라 매우 다른 양상으로 나타난다. 애도의 주제나 단계 또한 다양하다. 애도는 대체로 비슷한 순서로 진행되지만, 상실을 해결하는 과정에서 다시 이전 단계로 돌아가는 경우도 있다.

이 책을 읽기 전이나 읽기 시작할 때 '부정'의 단계를 거쳤을 것이다. 아니면 현재 부정과 '무감각' 단계에서 흔들리고 있을지도 모른다. 어느 단계에 있든 현재 어떤 단계를 거치고 있는지를 규정하고 인식하는 것이 중요하다. 이 모든 것이 슬픔을 통과하는 과정임을 기억하자.

부정이 '명료함'으로 바뀌는 단계에서 흔히들 엄청난 고통에 빠진다. 당신이 맺고 있는 관계의 실상을 확인하면서 죄책감이나 자책감을 느낄 수 있다. 이 단계에서는 감정에 휩쓸리거나 압도될 수 있다.

그다음에 종종 '분노'가 따르는데, 고통을 더 강렬한 감정으로 굳힘으로써 무디게 하는 것이다. 가스라이터와의 관계에서 경험하는 독특한 슬픔 속에는 당신이 분노를 느낄 만한 타당한 이유가 있다. 스스로 분노를 느끼도록 허용하라. 그 감정이 당신에게 무슨 말을 하는지 귀를 기울여라. 감정의 불길을 두려워하지 마라. 불길이 타오르게 하라. 불길은 한동안 높이 타오르겠지만, 시간이 지나면 잦아들면서 은은하게 빛나는 불씨가 될 것이다.

'타협'은 다양한 양상의 애도가 공통으로 거치는 단계다. 건강하지 못한 관계의 상실을 애도하는 과정에서 상대방과 재결합하려는 시도를 반복할 수 있다. '혹시라도' 당신이 행동을 바꾼다면 결과가 바뀔 수 있을 것이라고 스스로를 합리화할 수도 있다. 타협은 절박한 고통과 떠나지 않는 현실부정의 유령이 만들어낸다.

마침내 현실을 직시하기에 이르면 성찰의 시간과 함께 '우울'이 따라온다. 특히 가스라이터가 당신의 삶에서 중요한 다른 관계를 차단했다면 심한 외로움에 시달릴 수 있다.

성찰의 과정에서 '수용'이 확장되고 강화되면 평온함과 희망이 찾아온다. 이제 자신에게 해로운 관계가 사라진 새로운 삶을 다시 상상할 수 있다. 새로운 가능성이 당신 앞에 모습을 드러낸다.

복합적인 슬픔

마르크를 떠난 지 11개월이 지났다. 그런데 왜 아직도 살아가기가 이렇게 힘든 걸까? 조던은 방에서 나가지 않고 샤워도 하지 않고 잠도 거의 자지 않았다. 삶을 끝낼 방법을 상상할 정도로 분노와 우울 사이에서 방황했다.

조던은 결국 마르크가 자신에게 맞는 사람이 아님을 깨달았다. 마르크는 그녀를 여행에 데려가고 꽃을 사주면서 잘해주다가도 돌아서면 다른 친구들 앞에서 그녀를 질책했다. 종종 그녀를 때리기도 했다. 그러나 마르크는 모든 커플에게 일어나는 일이라며 그녀를 달랬다. 물론 매일 그런 일이 일어난 것은 아니었다. 마르크는 그녀가 문제를 꺼낼 때마다 자신의 행동을 부인했다. 조던은 절망감과 분노를 느꼈지만 마르크는 오히려 그녀가 과민하다고 몰아붙였다. 조던은 마르크의 비난을 내면화했고 이런 패턴은 계속 반복되었다.

결국 조던은 마르크의 행동 패턴을 학대로 규정하고 어머니의 집으로 이사했다. 어머니는 조던에게 다른 남자를 찾기에는 너무 나이가 많으니 마르크에게 정착하라고 다그쳤다. 조던은 고통스러운 생각을 떨쳐버리기 위해 몇 시간씩 TV를 보거나 SNS를 탐색했다.

마르크를 그리워하지 않을 수가 없었다. 둘이 함께 찍은 사진을 둘러보면서 그의 멋진 모습에 여전히 숨이 멎었다. 근래에 새로운 여자들과 찍은 마르크의 모습을 보면 화가 나서 견딜 수가 없었다. 그녀는 모두가 자신을 부러워했던 시절이 그리웠고, 혼자 있는 지금의 자신이 무가치하다고 느꼈다. 조던은 '정말 마르크가 나빴던 걸까? 내가 그렇게 자주 화를 내지 않았다면 상황이 달라질 수 있었을까?'라고 자신에게 되물었다.

조던이 보여주는 것은 복합적인 슬픔의 반응이다. 마르크와의 관계 상실은 이른바 '인정받지 못하는 슬픔disenfranchised grief'(사회적으로 경미하거나 중요하게 여겨지지 않아 공개적으로 애도받지 못하는 슬픔-옮긴이)이다. 서서히 관계를 정리할 수 있는 일반적인 애도의 의식이 없었기 때문이다. 사회적으로 인정받지 못하는 슬픔은 더 복합적인 감정으로 발전할 가능성이 크다. 가스라이터의 전형적인 행동 패턴은 당신이 그에게 의존하게 만드는 것이다. 당신이 관계를 끝낸 사람에게 의존적이었다면 훨씬 더 복잡하고 복합적인 슬픔을 겪는다. 특히 부모처럼 가스라이터와 오랜 기간 관계를 맺어 온 경우, 당신이 경험하는 슬픔은 훨씬 더 복합적이다.

복합적인 슬픔은 대부분 6개월 이상 지속되며, 힘들 정도로 강렬하다. 잠을 자지 못하거나, 분노에 사로잡히거나, 기본적인 자기 관리 능력을 상실하거나, 사교활동·취미·여가활동을 포기할 수도 있다. 가스라이터와 재결합하기를 갈망하면서 그에 관한 끊임없는 환상에 빠질 수도 있다. 심각한 외로움과 공허감도 동반된다. 가스라이터가 당신을 다른 사람들과의 관계에서 고립시켰다면, 더욱 극심한 외로움과 공허감을 느낄 것이다.

최악의 경우, 복합적인 슬픔은 자살에 대한 생각이나 시도로 이어질 수 있다. 만일 당신이 그런 생각을 하고 있음을 깨달았다면 가까운 지역의 정신건강 상담사나 위기센터에 도움을 요청해야 한다. 지금 당장은 절망적이더라도 슬픔을 극복하는 과정에서 감정이 달라질 수 있다. 잠시만 숨을 고르라.

상처만을 준 사람에게 왜 그토록 강렬한 감정을 느끼는지 스스로를 이해하기 힘들 것이다. 인간관계는 매우 복잡미묘하다. 인간의 애착 욕구는 자신에게 불리한 상황에조차 적응하게 만든다. 어쩌면 당신은 망가진 사람에게서조차 좋은 점을 찾으려고 애쓰는, 마음이 넓고 인간에 대한 연민이 강한 사람일지 모른다. 훌륭한 자질인 것은 맞지만, 타인과 나 사이에 건강한 경계를 세우는 일을 소홀히 할 이유는 못 된다. 학대당하는 관계로 스스로를 끌어내리지 않고도 충분히 타인의 인간성을 존중하고 심지어 사랑할 수 있다.

타인과 관계 맺기를 갈망하는 인간의 본능은 극한의 상황에서도 강렬한 애정과 충성심을 발현시킨다. 스톡홀름증후군Stockholm syndrome(범죄심리학에서 인질이 인질범에게 동화되고 동조하는 비이성적 현상을 가리키는 말 - 옮긴이)은 자신을 공격하는 상대에게 애착을 형성하고 잠재적으로 자신을 도와줄 수 있는 대상을 불신하는 현상을 가리킨다. 스웨덴의 은행 강도 사건에서 이름을 딴 것으로, 인질들은 자기 다리에 총을 쏜 강도가 선의로 치명적이지 않은 상처를 입혔다고 증언하기까지 했다. 그중 한 인질은 몇 년 뒤 자신을 납치한 강도가 수감 생활을 끝내고 출소하자 그와 결혼했다. 당신도 가스라이터의 학대를 합리화할 수 있다. 그들의 학대가 애정의 순간들과 뒤섞여 있기 때문이다.

자신이 스톡홀름증후군에 빠져 있음을 깨닫는다면 복잡한 슬픔이 한층 더해질 것이다. 당신이 간직해온 믿음과 감정이 진짜가 아니었다는 사실에 수치심과 굴욕감, 비통함을 느낄 수 있다. 복합적인 슬픔의 감정을 극복하는 과정에서 무엇보다 스스로를 다정하게 대하라.

잃어버린 시간에 대한 슬픔

'인정받지 못하는 슬픔'은 사별과는 성격이 다르다. 부서진 관계를 슬퍼할 때에는 투자한 시간을 잃어버렸다는 슬픔이 동반되기 때문이다. 말하자면 다른 더 건강한 관계를 찾을 기회를 놓쳐서 슬플 수 있다. 완벽한 자녀, 연인, 직원, 친구가 되려고 애썼던 지난날을 되돌아보니 그 모든 게 무너져버렸을 수도 있다. 개인적인 목표를 미루거나 중요한 꿈을 포기했을지도 모른다. 고립감에 시달리는 사이 당신을 지지해주는 친구들을 사귈 기회를 놓쳤을 수도 있다.

당신을 충분히 지지해주는 부모를 두지 못했다는 사실을 깨달았을지도 모른다. 격려받는 환경에서 성장했다면 지금과는 다른 사람이 될 수 있었을 것이라는 슬픔에 휩싸일 수도 있다. 오랫동안 거짓말에 시달리며 당신에 대한 최악의 말들을 믿어온 자신에게 비애를 느낄 것이다. 그 슬픔을 충분히 느껴야 한다. 그래서 그 슬픔이 당신을 따뜻한 자기애self-love로 이끌도록 해야 한다.

당신이 잃어버린 것은 진짜다. 당신의 감정은 소중하고 가치 있지만, 상실을 충분히 애도한다면 더 밝은 미래로 나아갈 수 있다. 앞으로 다가올 시간을 멋지게 살아갈 수 있다. 지금은 자신에게 슬퍼할 시간을 허락해야 한다.

자신을 용서하라

당신을 상처 입힌 사람과 관계를 이어나간 것, 아니 애초에 그들에게 말려든 자신을 질책하고 싶을 수 있다. 그러나 결코 당신을 질타해서는 안 된다. 당신은 이미 충분히 질책을 당해왔다. 어쩌면 스스로를 가혹하게 비난하는 내면의 목소리는 당신이 견뎌온 정서적 학대를 학습해서 생겨났을 수 있다.

가스라이팅 관계에서 벗어나는 단계 중 하나는 마음에서 자신을 비난하는 목소리를 몰아내는 것이다. 그 목소리가 자기 언어를 형성하고 내면에 자리잡아서는 안 된다. 당신은 자신에게서 오직 친절과 연민을 받아야 한다.

당신에게는 잘못이 없다. 당신이 무엇을 간과하고 받아들이고 용서하고 보지 못했든, 그 관계에서 어떤 잘못을 했든, 얼마나 강력하게 맞섰거나 맞서지 않았든 가스라이팅은 당신 잘못이 아니다. 거짓말과 조종의 책임은 당신을 소중히 여기고 보호할 대상이 아니라 통제하고 조종할 대상으로 생각한 사람에게 있다.

당신이 할 일은 오직 당신에게 일어나는 일과 일어났던 일을 받아들이고, 과거에 있었던 것과 없었던 것을 슬퍼한 뒤 놓아버리고, 자신을 사랑하는 쪽을 선택하며 앞으로 나아가는 것이다.

당신의 감정을 충분히 느껴라

무엇을 느끼든 당신이 느끼는 감정은 타당하다. 그 감정을 충분히 느껴라. 자신에게 연민을 가지고, 감정을 주의 깊게 관찰하고, 자신을 너그럽게 대하라. 당신이 겪은 특히나 복잡한 관계에 대한 감정에는 정답이 없다.

감정이 뒤죽박죽일지도 모른다. 하루는 화가 났다가 다음 날은 슬프고 아플 수도 있다. 외롭거나, 후회와 애석함이 몰려오거나, 공허할 수도 있다. 어떤 때는 희망을 느끼다가도 다시 분노에 휩싸일 수도 있다.

이것은 후퇴가 아니다. 새로운 감정의 층이 벗겨지고 본래 자리가 드러나는 치유 과정의 일부다. 그런 감정을 촉발하는 요인이 무엇인지 살펴보고 기록해보자. 분노의 근원을 탐색하고 그 감정이 더 부드러운 감정으로 누그러들 때까지 곱씹어보라. 고통을 찾아내고 그것에 슬퍼하라. 어떤 감정이든 당신이 치유되려면 반드시 그 감정을 느껴야 한다.

심리치료사나 친구처럼 신뢰할 수 있는 사람에게 이야기하는 것도 도움이 된다. 이때 판단이나 조언 없이 그저 당신의 이야기를 들어줄 사람이 필요하다는 점을 말하라. 당신이 혼자 아파하지 않아도 되며, 상처를 혼자 견디지 않아도 된다는 경험 자체가 치유가 될 수 있다.

한동안 충분히 고통스러운 감정을 곱씹었다면 이제 일어나야 한다. 당신이 원하는 분위기를 만들어줄 음악을 틀어보자. 방을 옮기거나 야외로 나가도 좋다. 환경을 바꾸면 고통스러운 감정을 곱씹었던 장소와 연결된 생각을 떨쳐버릴 수 있다. 조깅이나 베이킹, 청

슬픔을 치유하기 위한 확언

당신이 상실한 것들을 슬퍼할 때, 확언을 반복하면 뇌에 긍정적이고 치유적인 신경경로를 만드는 데 도움이 된다. 확언은 위안이 되는 진실을 강화하고 슬픔을 순조롭게 통과해 해결로 가는 길을 터준다. 각각의 확언을 곱씹으면서 어떤 것이 울림을 주는지 살피고 그중 몇 가지를 기록하라.

- 나는 치유를 받아들인다.
- 나의 상처받은 마음은 다시 온전해질 것이다
- 나는 이 고통을 맘껏 느낄 것이다.
- 나는 이 상실을 받아들이고 저항감을 버릴 것이다.
- 나의 슬픔은 영원하지 않을 것이다.
- 나는 이 상처를 놓아주고 새로운 깨달음을 얻어 앞으로 나아갈 것이다.
- 우주는 사랑으로 가득 차 있고, 나는 그 우주의 일부분이다.
- 나는 혼자가 아니다.
- _____
- _____
- _____

소, 그림 그리기, 고장 난 물건 고치기 같은 활동적이거나 창조적인 일을 하면 에너지가 생기고 기분 전환이 된다. 몸을 움직이는 활동을 하면서 고통이 고정불변이 아니라는 사실을 깨달을 것이다. 고통은 달라질 수 있고, 당신 또한 달라질 수 있다.

슬픔 극복하기 연습

레이는 한 달 전에 신앙공동체를 떠났다. 공동체 사람들에게 신앙에 대한 질문을 할 때마다 쏟아지는 불경하다는 비난을 더 이상 견딜 수 없었다. 레이는 그들에게서 성경적 가치와 행동 사이에 너무 많은 모순을 발견했지만 그들은 그것을 부정했다. 어느 날 지도자가 레이를 포옹하면서 엉덩이에 손을 얹었을 때 그녀는 소스라치게 놀랐다. 레이가 지도자의 행동을 폭로하자 공동체 사람들은 지도자에게 상처 주기 위해 거짓말을 한다며 악의에 가득 차 비난했고, 레이는 그 반응에 완전히 무너졌다.

　레이는 이 일로 깊은 상처를 입었고 철저하게 혼자라고 느꼈다. 그녀의 편이라고 생각했던 몇몇 친구조차 진부한 종교적인 생각으로 그녀의 고통을 외면했다. 레이는 공동체와 신앙에 대한 확신을 잃어버린 것이 슬펐다. 그녀가 공동체에서 당한 가스라이팅을 다른 사람들도 당하는 광경을 보면서, 오랫동안 자신이 가스라이팅을 정상적인 관계로 받아들였다는 사실이 수치스러웠다. 레이는 맘껏 슬퍼하도록 스스로를 내버려두었다. 그러고는 자신의 상실, 분노, 외로움을 기록하고 기도했다.

레이는 모든 영역의 감정을 느끼도록 내버려두다 보니 힘들었던 마음이 조금씩 회복되는 것을 느꼈다. 새로운 신앙공동체에 다시 들어가면 어떨지 확신이 서지는 않았지만, 그 생각만으로도 거부감이 일어나는 것은 덜했다. 몇 주 만에 처음으로 레이는 희망을 느꼈다.

애도 과정은 개인마다 그리고 상실감의 크기에 따라 다르다. 배우자와 나쁜 관계를 끝냈다면, 당신의 슬픔에는 삶을 다시 꾸려나가야 하는 여러 가지 어려움이 포함된다. 당신을 한 번도 지지해주지 않았던 엄마나, 당신이 누리지 못했던 안정적인 어린 시절을 상실한 슬픔은 더 개인적이고 은밀하고 깊은 고통을 내포할 것이다. 직장 내 가스라이팅에 맞서기 시작하면서 일을 그만두게 되면 불확실한 앞날뿐 아니라 지금까지 직장에 투자한 시간의 손실까지 떠안게 되어 슬픔에 빠질 수 있다. 이처럼 슬픔의 양상은 각자의 상황과 성향에 따라 다양하다.

그러나 중요한 것은 다양한 애도 과정에서 그 감정을 솔직하게 있는 그대로 느끼고, 용기와 연민을 가지고 고통을 통과해야 한다는 사실이다. 상실을 직시할 때 슬픔은 가라앉는다. 그러나 상실을 외면하면 우리는 슬픔의 포로가 된다. 이 혼란스러운 단계를 느끼고 통과하는 데는 정해진 방식도, 완벽한 길도 없다. 다만 현실에 대한 자각과 자기 자신에 대한 너그러움이 필요할 뿐이다.

레이의 예에서 보듯이 슬픔이 줄어들기 시작하면 희망이 어렴풋이 모습을 드러낸다. 자기 자신과 타인, 세상에 대해 어렵게 깨달은 지혜와 이해를 통해 새롭게 발걸음을 내디딜 수 있다. 앞으로 나아갈 의지를 북돋울 힘이 생겨난다. 지금 당장은 모두 불가능한 먼 이야기로 들릴 것이다. 지금 이 순간 당신이 있는 곳에 집중하고 서두르지 마라. 머지않아 그곳에 도달할 수 있을 테니까.

슬픔을 직시할 때면 마치 자신이 한곳에 정박하지 못하고 방향 없이 표류하는 작은 배처럼 느껴질 수 있다. 불안하고 고통스러운 단계를 통과할 때 두려움에 휩싸이는 것은 자연스러운 일이다. 각자의 고유한 고통을 통과하는 정해진 로드맵은 없지만, 다음 연습이 도움을 줄 수는 있을 것이다.

슬픔은 흔히 마음에 앙금을 남긴다. 관계가 끊어지거나 말하지 않는 편이 낫겠다는 생각에 입 밖으로 꺼내고 싶지만 그럴 수 없는 말들이 있을 것이다. 이럴 때 편지 쓰기가 당신의 복잡한 감정을 해결하는 데 도움이 될 수 있다. 편지는 가스라이터나 그들의 조력자에게 쓸 수도 있고, 자기 자신에게 쓸 수도 있다. 당신이 느끼는 충격, 분노, 타협하고 싶은 욕구, 슬픔, 수용의 감정을 제한 없이 생각나는 대로 표현하라. 몇 장을 이어서 쓸 수도 있고, 상징적으로 이별을 통보하는 한 장의 편지를 쓸 수도 있다. 편지 쓰기는 상대방과 마지막으로 소통하기 위함이 아니라 당신이 말하지 않고 남겨둔 것을 표현하기 위함이다. 편지를 일기장 안에 끼워넣어도 되고 완전히 끝낸다는 의미로 파쇄하거나 안전하게 태워버려도 된다.

슬픔은 크든 작든 재구성된다. 이런 재구성 단계를 거칠 때 다음 질문들에 대한 답변을 자유롭게 적어봐도 도움이 된다.

- **내적 재구성**: 가스라이팅을 인식한 지금의 나는 누구인가?
- **외적 재구성**: 이 관계에서 갖지 못한 것을 슬퍼하는 과정에서 나는 어떤 변화를 원하는가?
- **정신적 재구성**: 이 경험은 나 자신과 타인, 세상에 대한 나의 믿음과 이해에 어떤 영향을 끼쳤는가? 나는 여기서 어떤 의미를 찾을 수 있는가?

이 명상은 가스라이팅과 관련된 슬픔을 극복하는 데 도움이 되도록, 안구운동 민감소실 및 재처리 요법eye movement desensitization and reprocessing, EMDR(눈운동으로 뇌기능을 조절하고 심리치료를 도모하는 기법 - 옮긴이) 에서 사용하는 빛 명상을 응용한 것이다.

앉거나 누울 수 있는 편안한 장소를 찾는다. 눈을 감고 호흡에 주목한다. 가슴의 오르내림과 느려지는 호흡의 리듬을 느낀다. 폐에 공기를 채우고 천천히 숨을 내쉬면서 호흡한다.

준비가 되면 가스라이터의 모습을 떠올린다. 어떤 감정이 일어나는지 주시하면서 판단하지 않고 그 감정을 받아들인다. 몸을 살피며 계속 긴장되는 곳을 관찰한다. 당신의 감정이 어디에 머무르고 있는가? 천천히 주의 깊게 호흡을 계속하면서 호흡에 집중한다.

따뜻하고 편안한 색깔의 둥근 빛이 정수리 위에서 소용돌이치는 모습을 상상한다. 그 빛이 팔을 따라 흘러내리기 시작해서 손가락 끝으로 흘러들어간다. 빛이 슬픔이나 분노가 뭉쳐 있는 몸의 단단하고 경직된 곳 주변을 부드럽게 온기로 덮어주는 것을 관찰한다. 단단한 가장자리가 부드러워지고 긴장이 풀어지는 것을 느껴라. 서두르지 말고 당신이 느끼는 감정을 연민을 가지고 관찰한다. 긴장이 부드럽게 가라앉는 것에 주목한다.

그 상태로 호흡을 하면서 자신을 관찰한다. 고통을 견디기 위해 붙잡고 있는 힘에 주목한다. 슬픔을 직시하는 당신의 용기를 인식한다. 호흡과 가슴의 일정한 오르내림에 주목한다. 부드럽지만 강하게, 계속 호흡하면서 그 상태에 머무른다.

나 자신에게 초점 맞추기

자기연민, 자기돌봄, 자존감 연습

슬픔을 통과하면 내면으로 향하는 여정이 시작된다. 이 여정은 자신만을 생각하는 이기적인 과정이 아니라 오랫동안 방치되어온 당신의 감정을 치유하기 위해 반드시 거쳐야 하는 과정이다. 당신은 소중한 존재이고 당신의 정신적 행복 또한 소중하다. 당신이 받은 정신적 상처를 치유하려면 이 단계에서 누릴 수 있는 축복을 충분히 경험해야 한다.

정서적 학대의 치유

정서적 학대는 점점 더 큰 피해를 주면서 상처를 복합적으로 악화시킨다. 가스라이터는 당신의 이성적인 기반을 공격하고 그로부터 서서히 당신을 분리시키면서 온전한 정신을 갉아먹는다. 정서적 학대를 치유하는 과정도 마찬가지로 서서히 이루어진다. 스스로에게 인내심을 가지고 기다리는 자세가 필요하다. 하루아침에 치유되지 않는다고 해서 조급해하거나 자신을 비판해서는 안 된다. 자신에게 스스로 치유할 시간을 허용해야 한다.

내면화된 상처를 놓아보내려면 먼저 그 상처를 마주해야 한다. 정말 치유되고 싶다면 고통스럽더라도 그 상처를 느껴야 한다. 외과의사가 종양을 제거하기 위해 환자의 몸을 열어야 하는 것처럼, 깊은 치유가 시작되려면 감정적 고통의 근원을 드러내야 한다.

수술받은 환자는 회복되는 동안 살아온 방식을 바꾸고 휴식시간을 가져야 한다. 이전에 하던 활동을 줄이고, 더 많은 휴식시간을 갖고, 다친 부위를 사용하는 방법을 다시 배워야 한다. 당분간 다른 사람의 돌봄을 받아야 할 수도 있다. 정상적인 생활이 시작되기 전까지는 회복을 우선순위에 두어야 한다. 정서적 치유도 신체적 치유와 비슷한 과정을 거친다.

슬픔을 통과하면서 당신은 진정한 자신의 모습을 되돌아보기 시작한다. 정신적 학대로 인해 위축되기 이전에 당신은 어떤 사람이었는가? 끊임없는 비판과 혼란이 당신을 억압하지 않았다면 어떤 사람이 되었을까? 당신이 포기하거나 잃어버린 것 중에서 다시 찾고 싶은 것은 무엇인가? 어쩌면 당신은 당신이 기억하는 것보다 더 오래전부터 정서적으로 학대받아왔을지도 모른다. 그래서 '옛 모습'을 떠올리기가 어려울 수 있다. 당신 내면의 상처받은 어린아이가 오랫동안 잠자고 있던 잠재력을 되찾게 해야 한다. 그러려면 무엇보다 자신을 연민과 사랑으로 대해야 한다.

치유의 여정을 지나며

잠시 멈추고 지금 당신이 어디에 있는지 살펴보라. 아마도 이미 아주 먼 곳까지 와 있을 것이다. 그렇다면 앞으로 나아가고 있는가, 아니면 내면 깊은 곳으로 들어가고 있는가? 어디로 가고 있든지 자신에게 축하 인사를 건네라.

치유의 여정에서 자신을 친절하고 온화하게 대하라. 그리고 당신의 영혼을 소중하게 여기는 '자기돌봄self-care'의 태도를 훈련하라. 자기돌봄을 위해서는 삶의 일부를 내려놓고 에너지를 한곳에 집중해야 한다. 새로운 프로젝트나 약속은 거절해도 된다. 성찰의 시간을 가져라. 일정표에 내면을 살필 시간을 미리 적어두는 것도 좋은 방법이다.

이 단계에서 당신을 지지해줄 수 있는 사람이 누구인지 생각해보자. 당신을 가스라이팅하거나, 당신의 감정과 생각을 묵살하거나, 가르치려 하거나, 성급한 해결책을 내놓지 않으면서 당신에게 곁을 내어주고 이야기를 들어줄 믿을 만한 친구나 사랑하는 사람을 찾아보라. 지속적인 가스라이팅은 그동안 당신의 인간관계를 좁히고 타인에 대한 신뢰를 약화시켰을 것이다. 그래서 믿을 만한 지지자를 찾기가 쉽지 않을 수 있다. 그럴 때는 심리치료사의 도움을 받을 것을 권한다. 심리치료사는 당신이 정서적 학대의 상처를 극복하고 건강한 관계를 회복할 수 있도록 돕는 안전한 상담자 역할을 할 수 있다.

자기연민을 받아들여라

'나는 정말 바보 천치 같아.' 코윈은 서둘러 차로 돌아가면서 생각했다. 그는 바리스타에게 칭찬받기 위해 최선을 다했다. 그러나 바리스타의 못마땅한 표정에 낙심했다. '난 외톨이야.' 코윈은 창문에 비친 일그러진 얼굴을 보며 생각했다. 그러나 다음 순간 생각을 고쳐먹었다.

'아니야, 나도 사람이야. 그냥 실수한 거야. 누구나 실수하잖아.' 코원은 가쁜 숨을 몰아쉬며 차에 올라탔다. 방금과 같은 비난은 항상 코원을 통제하려 드는 형이 곧잘 쓰는 말투였다. 코원은 더 이상 형이 자신의 삶을 지배하게 내버려두지 않겠다고 결심했다. 그는 자기가 좋아하는 음악을 틀고, 창문을 내리고, 시원한 바람을 맞았다. 그러고는 그 순간의 기분을 창밖으로 날려 보냈다.

자기연민은 정서적 치유와 성장에 반드시 필요하다. 가스라이팅과 그로 인한 고통을 마주할 때 자신을 탓하면서 상처를 내면화하고 지속시킬 것인가, 아니면 자신을 더 상냥하고 친절하게 대할 것인가 선택의 갈림길에 서게 된다. 많은 사람이 이것이 자신의 선택에 달렸음을 모른다. 자기연민은 당신이 선택하는 것이다.

사람은 비판을 통해 더 나은 사람이 된다고 배워왔을 것이다. 가스라이터는 자신의 잔인함을 정당화하기 위해 그런 핑계를 댄다. 그러나 가혹한 비판은 당신이 발전하는 데 걸림돌이 될 뿐이다. 그 대신 당신의 잘못이나 실패를 부정하지 말고, 당신의 결점을 애정을 가지고 수용하라. 불완전한 자신에게 관용을 베풀어야 한다. 최선을 다하는 태도를 포기하라는 것이 아니라 자신을 조건 없이 있는 그대로 수용하라는 뜻이다.

이해를 돕기 위해서 다음과 같은 생각 연습을 해보자. 당신이 세 살짜리 어린아이라고 상상해보자. 방금 손에 색색의 물감을 묻혀

즐겁게 그림을 그렸다. 당신은 지저분해진 손으로 그림을 들고 유치원 선생님이나 부모님에게 가서 자랑스럽게 보여준다. 세 살짜리 당신은 그들에게 어떤 반응을 원하고 필요로 할까? 만일 과거로 시간여행을 떠나 어린 시절의 당신에게서 그 그림을 받는다면 당신은 어떻게 반응할까?

당신은 그 아이가 최선을 다했음을 인정하고 따뜻하고 다정하게 대할 것이다. 아이의 자유로운 창작활동에서 아름다운 인간미를 발견하고 아이를 안아줄 것이다. 이것이 자기연민의 정신이다. 당신은 그 아이에게 완벽함을 요구하거나 기대하지 않는다. 아이의 실수를 관대하게 받아들이면서 아이가 성장하기를 서두르지 않고 기다린다.

가스라이팅과 정서적 학대를 치유하는 과정에서 자기 자신에게 인내심과 온화함, 친절을 베풀어야 한다. 과거와 현재에 잘못을 저지른 자신을 용서해야 한다. 당신은 완벽하지 않고 앞으로도 그렇겠지만 최선을 다하는 것으로 충분히 훌륭하다고 스스로 인정해야 한다. 당신은 아무 조건 없이 그 자체로 가치 있는 존재이기 때문이다.

혼잣말

부정적인 혼잣말은 자기연민의 적이다. 부정적인 혼잣말이 반복되어 마음속에 굳어지면 부정적인 자기대화에 빠지기 쉽다. 이런 패턴을 없애려면 자신을 비판하는 당신에게 의도적으로 너그러운 말을 건네며 새로운 패턴을 만들어내야 한다.

- "나는 정말 엉망진창이야. 제대로 하는 게 하나도 없어"라고 말하는 대신 "난 실수를 했어. 다시 시도해볼 거야. 나는 지금 배우고 성장하는 중이니까"라고 말하라.
- "아무도 나를 사랑하지 않아"라고 말하는 대신 "내가 모두의 마음에 들 필요는 없어. 있는 그대로의 나를 받아들일 거야. 나는 사랑스럽고 가치 있는 존재야"라고 말하라.

우리가 반복하는 것이 강화된다. 이제 자기비판에서 벗어나라.

과거의 상처를 해결하는 작업

레티시아는 자신이 당한 학대가 자기 잘못이 아님을 알면서도 계속 수치심과 죄책감을 느끼고 괴로워했다. 그때 한 친구가 그녀에게 EMDR 치료법을 받아보라고 권유했다.

레티시아는 EMDR 치료를 받으면서 수치심과 '모든 것이 내 잘못'

이라는 생각에 관해 얘기할 때 작은 공처럼 웅크리고 싶은 기분이 들었다. 심리치료사는 좌우로 움직이는 레티시아의 안구를 추적하면서 양쪽 뇌의 반구를 자극했다. 서로 연관된 기억들이 레티시아의 머릿속을 빠르게 지나갈 때 죄책감이 어린 시절 및 가해자와의 여러 가지 사건과 연결되는 것을 느꼈다. 레티시아는 반복적으로 안구를 움직이면서 머릿속에 떠오른 장면들을 치료사와 공유했다. 기억의 실타래를 따라갈 때 감정이 공처럼 부풀어올랐다가 가라앉는 것을 느꼈다. 배 속에 뭉쳐 있던 매듭이 풀리고 몸이 꼿꼿이 세워지는 것 같았다. 치료가 끝날 때쯤 레티시아는 한참 울고 난 사람처럼 기진맥진했다.

그날 밤 레티시아는 오랜만에 깊은 잠을 잘 수 있었다. 꿈속에 그녀를 학대한 사람의 기억이 출몰했지만, 이전과 다르게 그에게 맞서 대항했다. 그다음 주 다시 심리치료사를 만났을 때 레티시아는 자신을 비난하는 생각이 사라졌다고 말했다. 레티시아는 이제 새로운 상황에 맞서 싸울 준비가 되어 있었다.

가스라이팅과 학대를 경험했을 때, 특히 오랜 시간 고통을 받은 경우, 대인관계에서 겪은 트라우마를 전문으로 치료하는 유능한 심리치료사의 도움이 매우 중요하다. 심리치료사는 당신이 스스로 고통스러운 이야기들을 털어놓게 할 뿐만 아니라 당신을 함부로 판단하지 않고 다정하게 보듬어주는 사람과의 관계를 경험할 수 있는 안전하고 포용적인 환경을 마련해준다.

브레인스포팅의 창시자인 데이비드 그랜드David Grand는 이것을 '이중조율dual attunement'(치료자와 내담자의 관계적 동조를 뜻하는 관계 모델 – 옮긴이)이라고 부른다. 치료사가 치유의 신경학적 과정에 초점을 맞추면서 두 사람 사이의 언어적·비언어적 의사소통과 역학을 조율하고, 고통을 담을 그릇을 만드는 방식이다.

브레인스포팅은 내면에 초점을 맞춘 치유에 사용할 수 있는 또 다른 강력한 치료법이다. 이 치료법은 몸에서 감정적인 고통을 안고 있는 지점을 찾고, 집중된 마음챙김mindfulness의 힘을 이용한다. 특정 지점을 응시하면서 과거의 정서적 고통을 어루만지고 풀어주는 것이다. 어디에 시선을 집중할지는 신중하게 선택된다. 그래야 표적기억targeted memory이 저장된 신경 네트워크에 접근해서 그 기억의 힘을 충분히 활성화하고 방출할 수 있기 때문이다. 일반적으로 브레인스포팅은 EMDR의 좌우 안구운동 대신 쌍방향 음악(한쪽 귀에서 반대 쪽 귀로 이동하도록 특별히 설계된 음악)을 사용하여 고통스러운 기억의 재처리를 돕는다. 심리치료사는 내면에 초점을 맞추는 여정을 함께하면서 안정감을 주고 정서적으로 지지한다.

EMDR과 브레인스포팅 모두 뇌의 선천적인 신경가소성이나 스스로 변화하는 능력을 이용해서 고통스러운 기억을 처리하는 고차원적 치료법이다. 기억 및 그와 연관된 감정을 저장하는 뇌의 부분을 동시에 활성화함으로써 깊고 지속적인 변화를 일으킨다. 고통스러운 기억에 대한 생각을 바꾸는 것이 아니라 그 기억들이 저장된 뇌와 신체 부위에서 기억의 영향력을 풀어주는 것이다. 기억이 적응적으로 처리되면 악몽, 플래시백flashback(트라우마적인 사건이 꿈, 생각 등에서 반복적으로 재현되는 현상 – 옮긴이), 불쑥불쑥 떠오르는 기억 같은 트라우마 증상이 줄어든다. 대인관계의 고통에서 비롯된 트라우마를 치유하려면 대인관계치료interpersonal psychotherapy가 필요하다. 숙련되고 공감능력이 있는 심리치료사의 도움은 치유 여정에서 매우 중요하다.

당신은 가스라이터를 '고칠 수 없다'

자기 자신과 치유에 초점을 맞추면서 '왜 가스라이터는 치료를 받지 않는 거지?'라는 생각이 들 수 있다. 슬픔의 타협 단계로 되돌아가, 가스라이터도 이런 내면활동을 통해 깨달음을 얻고 새사람이 될 수 있다고 꿈꿀 수도 있다. 가스라이터를 변화시키고 당신이 바라는 행복한 가정, 우정, 직장을 만들고 싶다는 희망으로 당신이 얻은 새로운 통찰을 가스라이터와 공유하고 싶어할 수도 있다. 가스라이터에게 그가 어떻게 당신을 가스라이팅하고 있는지 설명해주면 그가 달라질 것이라는 희망이 생길 수도 있다.

그러나 당신은 절대로 가스라이터를 고칠 수 없다. 당신은 오직 자기 자신만을 치유할 수 있을 뿐이다. 물론 사람은 변할 수 있다. 심지어 당신을 학대하는 사람도 변할 수 있다. 그러나 그 누구도 스스로 변화하기를 원치 않는 사람을 바꿀 수는 없다. 가학적 가스라이터와 자기애성 가스라이터는 성숙하기 위해 반드시 필요한 '용기 있는 취약성^{courageous vulnerability}'(용기 있게 자신의 약점을 인정하는 것 - 옮긴이)이 없다.

당신이 할 수 있고 해야 할 일은 자기 자신에게 초점을 맞추고 스스로의 치유를 위해 노력하는 것뿐이다. 당신은 그들이 준 상처와 흉터에서 벗어나야 한다. 현재 가스라이터와의 관계를 유지하고 있다면, 당신이 성장하면서 그 관계의 역학을 변화시킬 것이라고 믿되, 자신의 건강을 지키는 것을 목표로 삼아라.

당신이 원하고 좋아하는 것과 친해져라

오랫동안 외부의 통제를 받아왔다면 자신의 취향, 욕구, 필요 등을 아우르는 자기감을 잃어버렸을 수 있다. 당신의 욕구는 가스라이터에게 조롱당하고 무시당하고 경멸당하고 짓밟혀왔다. 그러나 결코 사라지지는 않았다.

당신의 욕구와 갈망은 잘못된 것이 아니라 당신을 인간답게 만들고 고유한 인격체로 만들어주는 중요한 요소다. 당신은 자신에게 필요한 것을 확인하고 소유할 권리가 있다.

자기 자신과 분리되어 있다는 느낌이 드는가? 그렇다면 먼저 몸의 감각을 알아차리는 연습을 해보자. 눈을 감고 머리부터 발끝까지 온몸을 천천히 훑어라. 모든 감각을 느끼고 긴장되거나 굳어져 있는 곳을 찾아보라. 감각이 느껴지는 곳에 주의를 집중하라. 그 느낌이 당신에게 무엇을 말해주는지 탐색해보자. 즉각적으로 느껴지는 의미가 점점 더 깊고 분명해질지도 모른다. 굳은 어깨는 몸을 뒤로 빼거나 자세를 곧게 하거나 목을 움직여야 한다는 뜻이다. 불안한 감정이나 방어적인 상태를 의미할 수도 있다. 그런 연관성이 감지되면 그 감각을 유지하면서 그 감각이 어디로 이어지는지 살펴보라. 몸을 훑으면서 아무것도 느껴지지 않을 수도 있다. 괜찮다. 다정하고 열린 호기심을 가지고 무감각 그 자체를 알아차리면 된다.

필요한 것이 무엇이든 따뜻한 관심을 가지고 마음을 열어보라. 무언가 필요하다는 것은 결코 잘못되거나 부끄러운 일이 아니다. 당신에게는 자신의 욕구를 충족하고, 그러기가 어려울 때 자신에게 연민을 느낄 자격이 있다.

좋아하는 것을 즐길 수도 있다. 오랫동안 타인의 통제를 받았다면 새로운 일에 도전할 용기가 나지 않을 수 있고, 지금까지 자신이 정말 원하고 관심 있는 일을 하고 싶은 욕구를 억압당했을 것이다. 당신은 이제 모든 가능성을 탐색할 수 있다. 새로운 음식을 맛보고, 벨리댄스 수업을 듣고, 수염을 기르고, 군화를 신거나 미니스커트를 입어볼 수 있다. 행동수칙 따위는 잠시 잊어도 된다. 당신을 정말 당신답게 만들고 자기 자신으로 느끼게 하는 것이 무엇인지 생각해보자.

가스라이터를 기쁘게 해야 한다는 생각을 떨쳐버리고 가스라이팅이 삶에 일으킨 혼란에서 벗어나라. 그때 비로소 자신을 위한 공간이 생겨난다. 자기 자신을 알고 존중하고 사랑할 때 타인과의 관계에서 자신 있고 온전하게 자신을 드러낼 수 있다.

당신을 삼켜버리려는 파도에 굳건하게 맞서야 할 수도 있고, 언제 누구를 떠나야 할지 선택할 용기를 내야 할 수도 있다. 가스라이터의 요구를 들어주거나 기쁘게 하려는 선택 대신 당신 자신의 요구와 기쁨을 선택하자.

자기애 기르기

살아오면서 자기애성 가스라이터와 많은 시간을 보냈다면 '자기애'라는 개념에 거부감이 들 수 있다. 자기애성 가스라이터의 나르시시즘과 진정한 자기애를 구별하는 것이 중요하다. 나르시시즘은 불안정하고, 자기과시적이고, 타인의 관심을 끌고 싶어하고, 자기 자신에게 몰두하는 성향을 보인다. 반면에 자기애는 자기중심이 잡혀 있고, 조용하지만 흔들림 없는 자신감을 드러낸다. 나르시시즘과 자기애를 구별하는 기준은 외향성과 내향성이 아니라 자신감과 자기연민이다.

나르시시즘은 "내가 가장 중요해"라고 말하지만 자기애는 "나도 중요해"라고 말한다. 당신의 가치를 존중해주는 안전한 공간에서 당신은 이전보다 더 완전하게 타인을 사랑할 능력을 키울 수 있다.

타인을 소중하게 여기면 자기 자신이 작아진다는 나르시시스트의 신화가 거짓이며, 사랑이 가진 무한한 마법 같은 힘이 거짓 신화를 무너뜨릴 수 있음을 깨닫게 된다.

자기애는 자신에 대한 깊은 연민으로부터 자라난다. 자기애는 자신에게 흠이나 오류가 없다는 듯이 굴지 않는다. 그보다는 자신을 아름다운 조각들이 이리저리 모여서 빛나는 모자이크라고 생각한다. 지금껏 밖으로 보여준 자비를 내면으로 확장해서, 엉망진창으로 무너졌더라도 자신을 용서하자. 마음속 가혹한 비판의 목소리를 잠재우고 따뜻한 위로로 채워라. 일상적으로 자신을 사랑하라.

자기돌봄 실천하기

자기집중은 자기돌봄을 가능하게 한다. 자기돌봄은 자신의 필요를 주의 깊게 인식하고 신체적으로나 정신적으로 행복하고 건강해지기 위해 행동하는 것을 의미한다.

자기돌봄은 자신감이 충만하고 타인에 대한 사랑과 관심이 흘러넘치는 온전한 삶을 살기 위해 반드시 필요하다. 빈 병에서 물을 따를 수 없듯이 당신이라는 컵을 가득 채워야 그 풍요로움으로 타인을 돌볼 수 있다.

자기돌봄은 흔히 방종과 혼동되기도 하지만 실제로는 전혀 다르다. 자기돌봄은 행복을 키운다. 방종은 단기적인 만족감은 줄 수 있지만 장기적으로는 중립적이거나 부정적인 결과를 낳는다. 자기돌봄은 물 충분히 마시기처럼 간단한 행동일 수도 있고, 체력을 기르는 운동 습관처럼 더 복잡한 행동일 수도 있다. 또는 일찍 잠자리에 들어 휴식을 취하거나 일을 쉬고 자연 속에서 시간을 보내는 것처럼 가벼운 일일 수도 있다. 이런 잠깐의 휴식이 너무 잦아지고, 해야 할 일을 방기해서 스트레스나 경제적 손해가 커지면 자기돌봄의 선을 넘어 방종이 된다.

자기돌봄을 실천한다면 친구와 진심 어린 대화를 나누지만, 방종하다면 저급한 소문을 퍼뜨리거나 홧김에 남의 험담을 늘어놓는다. 자기돌봄은 배가 고플 때 자기가 좋아하는 좋은 음식을 충분히 먹는 일이고, 방종은 아이스크림 한 통을 다 먹어치우는 것이다.

자기돌봄은 당신이 가치 있는 존재라는 사실을 구체적으로 실현하는 것이다. 누군가가 당신을 사랑해줄 때까지 기다릴 필요가 없다. 지금 당장 다양한 방법으로 쉽게 자기애를 실천할 수 있다. 이 책을 읽는 것 또한 자기애를 실천하는 한 가지 방법이다. 당신의 치유와 성장을 위해 시간을 투자하는 것이 바로 자기돌봄이다.

자기돌봄은 자기애로부터 흘러나오는 동시에 자기애를 강화한다. 자기애는 사랑하는 누군가를 돌보는 일과 다르지 않다. 어린아이나 사랑하는 사람을 돌볼 때면 영양가 있는 음식을 충분히 먹게 하고, 잠을 충분히 잘 수 있도록 일과를 만들어주고, 운동을 하거나 사람들을 만날 기회를 마련해주고, 슬프거나 상처받았을 때 위로해주고, 성과를 축하해줄 것이다. 이런 태도가 당신 자신을 돌볼 때

안내서가 될 수 있다.

자기돌봄은 혁신적이다. 자기돌봄은 타인의 관심과 사랑을 얻으려면 당신이 다른 사람이 되거나 다른 행동을 해야 한다고 거짓말하는 문화적 규범이나 가스라이팅을 뒤집는다. 진정으로 당신의 본질적 가치에 따라 살아가려면, 자격을 갖춰야 친절한 대우를 받을 수 있다는 거짓말을 거부해야 한다. 조용한 저항을 통해 가스라이터가 당신에게 강요한 한계에 부딪쳐라.

자존감 높이기

낮은 자존감은 자기돌봄을 방해한다. 앞 장을 읽을 때 마음속으로 저항감을 느꼈다면, 상처받은 마음이 당신의 가치를 의심하고 있을지 모른다. 이제 그런 의심에서 벗어나야 한다. 당신의 자존감을 훼손하는 것이 가스라이터의 계획이다. 상대가 자신의 가치를 확신하지 못할수록 더 쉽게 조종하고 통제할 수 있기 때문이다. 이 때문에 가스라이팅을 당한 사람은 스스로 자존감을 깎아내리게 된다.

가스라이터의 통제에서 벗어나 당신의 삶을 되찾으려면 위축된 자존감을 회복해야 한다. 그러려면 자신을 깊이 돌아보는 시간이 필요하다. 당신은 자기 자신에 대해 어떻게 느끼는가? 솔직하고 진실해야 한다. 거울 속의 자신을 보거나 다른 사람들에게 다가가는 모습을 상상해보라. 그때 당신의 마음은 자신에 대해 어떻게 말하는가?

당신의 결점이 떠오르면 내면의 목소리에 '그렇지만'을 덧붙여보자. 예를 들어 다음과 같이 말해보라. "나는 내 여드름, 주름살, 키, 몸매가 마음에 안 들어. 그렇지만 나 자신을 있는 그대로 받아들여." "내가 더 좋은 교육을 받았거나 더 흥미로운 직업을 가졌다면 좋았을 텐데. 그렇지만 그런 조건이 나 자신과 나의 가치를 정의하지는 않아." 이렇게 인식을 재구성한다고 해서 하룻밤 사이에 자신에 대한 감정이 달라지지는 않을 것이다. 그러나 새로운 주문을 더 많이 연습할수록 뇌는 자기혐오에서 벗어나 자존감을 키우는 새로운 신경경로를 더 많이 만들어낼 것이다.

가스라이팅 경험 때문에 트라우마를 겪고 있다면 인지훈련에서 한발 더 나아간 훈련이 필요할 수도 있다. 낮은 자존감이 고통스러운 특정 기억과 연결된다면 그 기억을 더 많이 재구성해야 한다. 창피해할 필요 없다. 막히는 지점이 생긴다면, 자신의 상태를 인정해주는 숙련된 심리치료사에게 상담받는 것이 좋은 방법이다. 전문 심리치료사는 뇌과학을 기반으로 한 트라우마 접근법으로 당신이 고통스러운 난관에서 벗어나는 데 도움을 줄 수 있다.

자신감 키우기

자존감은 자신감과 자의식을 키움으로써 강화된다. 자신감을 키우면 가스라이팅을 인지하고 거기에 맞설 힘이 생긴다. 가스라이팅의 영향에 저항하고, 자신의 진정한 모습을 신뢰하고, 의견을 주장하고, 행복을 지키기 위해 경계를 세울 힘을 되찾는다. 자신감을 키우는 방법은 다양하다. 우선 몸을 움직여라. 댄스 수업, 무술, 요가 같은 운동도 도움이 된다. 모두 자아를 구현하는 구체적인 방법들이다. 몸을 움직이다 보면 세상에 당신의 자리가 있고, 당신은 계속 성장할 수 있고, 실수할 수 있고, 당신과 비교할 수 있는 대상은 당신 자신뿐임을 알게 된다. 활동이 익숙해질수록 자신감이 커져 운동 장소뿐 아니라 삶 전체로 흘러넘치기 시작할 것이다.

신체활동에 제한이 있다면 다른 방식으로 자신감을 키울 수 있다. 토스트마스터toastmasters(대중 스피치 모임 – 옮긴이) 같은 모임을 통해 서로를 지지하는 단체 환경에서 스피치 기술과 자신감을 개발할 수 있다. 음악도 자기표현, 내적 통제, 자신감 형성에 좋은 수단이다. 악기를 배우거나, 합창단에 가입하거나, 성악 레슨을 받아도 좋다.

사소한 변화로도 세상에 대한 당신의 관점과 자의식을 바꿀 수 있다. '나는 할 수 없다' '나는 실패할 것이다' 같은 내면의 목소리를 '나는 할 수 있다' '최선을 다하는 것으로 충분하다' '나는 배우면서 성장하고 있고 그걸로 만족한다'라는 긍정의 메시지로 바꿔보라. 몸의 자세를 의식하고 어깨를 뒤로 젖히고 가슴을 펴고 턱을 들어올리고 눈과 입과 이마 주변의 주름을 풀어라. 지금 해보면서 따라오는 감정 변화를 알아차려라. 우리의 몸은 마음과 복잡하게 연결되어 있다.

자기 자신을 신뢰하기

오랫동안 불안과 자기의심에 사로잡혀 있으면 다시 자신을 신뢰하고 안심하기 어렵다. 자신을 보호하기 위해 신경계가 곤두서고 과민한 상태로 생활하는 데 익숙해져서 항상 경계 태세이기 때문이다. 불면증, 긴장된 근육, 끊임없는 걱정, 빨라진 심장박동, 밭은 호흡 등의 증상이 나타날 수 있다. 신경계가 탈진하고 에너지가 고갈되어 무기력하고 직관력이 떨어지거나 심한 경우 우울증이 생기기도 한다.

지나친 각성이나 이완 상태는 적당히 조절해줘야 한다. 심리학자 대니얼 시겔은 《마음의 발달Developing Mind》에서 이런 완만한 감정 상태를 '인내의 창window of tolerance'(사람이 가장 효과적으로 기능할 수 있는 각성의 범위 - 옮긴이)이라고 했다. 감정을 이 상태로 유지하면 내면의 지혜와 직관을 다시 사용할 수 있다. 고통에 압도당하지 않은 채 경고 신호나 슬픔에 대처할 수 있고, 감정에 귀를 기울이고 그 감정이 하는 이야기에 충실히 따르며 행동할 수 있다. EMDR이나 브레인스포팅 같은 치료법을 통해 과거의 사건이 촉발하는 현재의 불안한 감정을 처리할 수 있다. 이런 치료법은 자신에 대한 신뢰감을 회복하고 자유로워지기 위해 스스로에게 줄 수 있는 선물이다.

부드러운 신체활동은 내적 신뢰를 형성하는 또 다른 수단이다. 베셀 반 데어 콜크Bessel van der Kolk의 트라우마센터가 실시한 연구에 따르면, 요가는 신경계에 지속적인 진정 효과를 유도하는 동시에 내부수용감각interoception, 곧 신체감각에 대한 인식을 증가시키는 매개가 된다. 내부수용감각이 더 기민하게 작동할수록 신체가 직관에 보내는 미묘한 신호를 더 민감하게 받아들일 수 있다. 자기 자신에 대한 신뢰가 회복되면 안전감과 안정감도 따라온다.

자기 자신에 대한 신뢰를 구축하는 또 다른 방법은 자신의 생각에 집중하는 것이다. 생각, 감정, 관찰한 바를 기록하는 것도 도움이 된다. 기록하고 나서 쓴 내용을 다시 읽어보고, 서로 다른 색의 형광펜을 사용해서 '느끼는 것' '생각하는 것' '알고 있는 것'을 각각 표시해보라. 자신감과 확신을 가지고 구분된 내용을 숙고해보라. 당신이 '알고 있는 것' 중에는 분명 진실이 있다. 그것을 신뢰하라. 직감이 알려주는 생각과 두려움을 가볍게 수용하되 완전히 무시해서는 안 된다. 당신의 직관은 당신이 알고 있는 것보다 더 현명하다.

가까운 사이든 먼 사이든, 당신을 지속적으로 가스라이팅한다는 의심이 드는 사람이 있으면 그 사람 앞에 증인을 데려와서 그의 증언을 기록하는 것도 좋은 방법이다. 가스라이터의 거짓말과 조작을 막는 경계를 설정해줄 뿐 아니라 당신의 인식이 사실이라는 자신감을 회복하는 데에도 큰 도움이 된다. 가스라이터가 자신이 한 말을 부정할 때, 그와 나눈 대화의 기록이나 증인의 증언을 참조할 수 있다면 당신의 인식을 신뢰할 수 있고, 당신을 조종하는 상대로

부터 힘을 되찾을 수 있을 것이다.

계속 확인하라

지금까지 자기인식, 자신감, 자기이해를 향상시키는 여러 가지 방법을 알아보았다. 이제 책을 읽을 때만 연습하지 말고, 연습을 습관으로 만들어 계속 자신의 상태를 점검해야 한다. 시간을 내서 천천히 몸을 훑고 매일, 하루에 여러 번 자신의 감정을 확인하라. 하루를 시작하거나 마무리하는 시간이 좋다. 불안이나 동요를 느낄 때마다 잠시 일상을 멈추고 내면에 집중해서 무엇이 당신을 불안하게 만드는지 살펴보라.

당신이 느끼는 바를 그저 인식하고 연민을 가지고 그 감정을 수용하라. 어느 정도로 스트레스나 고통을 받는지 확인하고, 감정을 균형 상태로 되돌리는 방법을 생각해보라. 무엇보다 당신은 소중한 존재임을 기억하라.

계속 진행 중인 과정

이 장을 공부하면서 모든 것이 서로 연결되어 있음을 배웠을 것이다. 연민, 자기지식self-knowledge, 자기애, 자기돌봄, 자존감, 자신감, 자신을 신뢰하는 능력은 연결되어 있고 서로 기반이 되어준다. 치유와 성장은 과정이다. 치유가 빨리 진행되게 할 수는 없지만, 자신에게 인내와 연민을 베풀면서 치유를 심화시킬 수 있다. 그 과정이 힘들고 무의미하게 느껴질 때도 있을 것이다. 그럴 때는 내면의 부정적인 목소리를 부드럽게 묵인하라. 성장하고, 치유되고, 강해지기 위한 시간과 공간, 연민을 자신에게 허용하라.

앞으로 돌아가 다시 읽어야 할 때도 있을 것이다. 그러면서 점차 작은 변화가 나타나는 것을 느낄 것이다. 과거에 기록한 내용을 다시 읽으면서 자신이 변화했음을 알게 될 것이다. 인식하지 못한 순간에도 당신에게 변화가 일어나고 있었음을 깨달을 것이다. 지금 당신은 고통을 떨치고 치유되고 있으며 자유를 찾아가고 있다.

다음 연습은 치유에 도움이 된다. 충분한 시간을 갖고 각각을 실천해보자. 필요할 때마다 언제든지 반복해도 좋다.

이 연습은 EMDR 치료법에서 사용하는 방법으로, 압도되는 감정을 느낄 때 정서적 균형을 회복하도록 도와준다.

마음이 평화로워지는 장소를 생각해보라. 전에 가본 곳일 수도 있고 상상 속의 장소일 수도 있다. 고요하고 평화로운 장소를 떠올리고 그곳에 혼자 있는 모습을 상상하라.

그 장면에서 당신이 있을 만한 장소를 찾아보라. 주변에 무엇이 보이는가? 어떤 색깔인가? 당신은 앉아 있는가, 서 있는가, 누워 있는가? 발밑은 어떤 느낌인가? 따뜻한 모래, 시원한 잔디, 바위나 나무, 견고한 의자를 상상해보라. 어떤 냄새가 나는가? 짭짤한 공기? 잎이 빽빽한 소나무? 어떤 소리가 들리는가? 태양이나 바람이 살결에 닿을 때 어떤 느낌이 드는가? 아니면 실내에서 부드럽고 포근한 담요를 덮고 있는 가?

장면에 몰입할 때 몸에서 어떤 변화가 일어나는지 주목하라. 호흡이 어떻게 달라졌는가? 근육이 이완되었는가? 자세가 달라졌는가? 어떤 느낌이 드는지 주목하라. 당신에게 필요한 감정에 빠져보라. 준비가 됐다면 다시 일상으로 돌아가도 좋다. 당신에게는 필요할 때마다 돌아갈 수 있는 안식처가 있음을 잊지 마라.

　　　　　　　　　　　　　부정적인 혼잣말 고쳐 쓰기

당신을 비난하는 내면의 목소리를 없애려면 가장 빈번한 공격을 파악
해야 한다. 진실하고 강력한 말로 부정적인 목소리에 대항하라.

스스로에게 말하는 부정적인 생각	생각 고쳐 쓰기
나는 아무것도 제대로 할 수 없어.	나는 모든 것을 잘하지는 못하지만, 어떤 것은 잘하거나 배우고 있어.

　고쳐 쓴 생각 중 몇 가지를 카드나 메모지에 적어서 자주 볼 수 있
는 곳에 두는 것도 도움이 된다. 이 연습이 자연스러워질 때까지 반복
하라.

각각의 자기돌봄에 대하여 아래 칸에 한 가지 이상의 아이디어를 적어 넣어라.

신체적 방법	사회적 방법
감정적 방법	종교적 방법

당신은 이 단계를 고요하게 연습하면서 매우 중요한 일을 시작했다. 자신을 사랑하는 법을 배우는 것은 건강하고 만족스러운 관계를 만들어나가는 토대가 된다. 자기인식과 자신감을 바탕으로 자기돌봄이 가능하도록 건강한 경계를 세우는 방법을 생각해보자.

건강한 경계 세우기

관계 설정과 자기주장 훈련

지금까지 자기인식·자존감·자신감을 키울 수 있는 시간, 공간, 관심을 통해 건강한 경계를 세울 터전을 만들었다. 건강한 경계를 세우는 일에 내면의 저항이 느껴지는가? 그 감정을 인지하라. 지금까지 배운 것을 되돌아보고 자신에게 진실하고 솔직해야 함을 기억하라. 당신은 소중한 존재이며, 그렇기에 자신을 돌보는 일 또한 중요하다. 당신은 사람들에게서 친절하고 소중한 대우와 돌봄을 받아야 한다. 이제 주변에 그런 관계가 만들어질 수 있는 공간을 만드는 법을 탐색해보자.

경계란 무엇인가?

경계 세우기는 당신의 정서적·신체적 공간을 보호하기 위한 구체적인 행동이다. 행동과 언어 중 하나만으로 경계를 설정하고 강화할 수도 있지만, 대개는 행동과 언어 모두가 필요하다. 예를 들어 "전화로 대화하는 것은 가능하지만, 저녁 9시 이후에는 통화하지 않겠다"라고 언어로 경계를 설정하고 실제로 9시 이후에는 전화기를 꺼놓거나 전화나 메시지를 무시하며 경계를 강화하는 것이다.

건강한 관계를 맺는 데 경계는 꼭 필요하다. 당신의 필요와 타인의 필요는 때때로 충돌할 수밖에 없다. 그럴 때 경계로 당신의 에너지를 보호함으로써 서로 부딪히는 필요를 균형 있게 조절하고 자기관리와 타인을 위한 배려를 유지할 수 있다. 경계를 세우지 않으면 서로 구속하고 의존하고 심지어 학대하는 관계에 빠질 수 있다.

경계 설정에는 시간과 결단이 필요하다. 자아의식이 높아질수록 점차 타인과의 관계에서 경계를 설정할 필요성을 느낄 것이다. 인간관계에 경계를 세우면서 지금까지의 행동 패턴과 새로운 행동 패턴이 부딪혀 에너지가 고갈되거나 감정이 압도될 수 있다. 다른 사람과의 관계에서 새로운 패턴을 만드는 일은 큰 배를 조종하는 것과도 같다. 배가 움직이기까지는 시간이 걸린다. 마찬가지로 당신이 시작한 노력을 다른 사람들이 인식하고 이해하고 존중하기까지는 시간이 필요하다. 그때까지 일관성 있게 자신의 가치를 확신하고, 당신의 필요와 욕구를 존중하고, 지속적으로 다른 사람들과 소통해야 한다.

경계와 가스라이팅

가스라이터는 경계를 싫어한다. 경계는 가스라이터가 당신을 착취하려고 하는 영역에서 당신을 보호하기 때문이다. 가학적인 가스라이터는 당신을 장난감처럼 가지고 놀고 싶어한다. 경계 세우기는 그가 하는 게임에 당신이 저항한다는 뜻이다. 자기애성 가스라이터는 자기가 주인공인 상황을 원하지만, 경계를 세우면 그의 세계에서 당신 자신의 공간을 소중히 여기며 그의 독재에 저항할 수 있다. 경계 세우기는 또한 상대의 조종에 반격하는 행동이기도 하다.

경계 세우기는 현재와 미래의 관계에서 당신을 보호할 뿐 아니라 당신의 필요와 욕구를 존중해줄 사람들을 위한 공간을 확보한다. 가스라이터는 약해 보이거나 쉽게 조종할 수 있는 사람들을 공략하며, 자신의 가치를 확신하는 행동을 하는 사람과 관계를 시작하는 데 시간을 낭비하지 않는다.

제삼자가 동석한 자리에서만 가스라이터와 대화한다는 경계를 세움으로써 일정 수준의 방어막을 확보하고 가스라이터의 비정상적인 행동 사이클을 멈출 수 있다. 제삼자는 당신이 현실을 인식할 때 정신적으로 지지하고, 뒷날 가스라이터의 악의적인 조종에 대응할 때 도움을 줄 수 있다. 메모를 하거나, 대화를 녹음하거나, 서면으로 소통의 기준을 정하는 것도 좋은 방법이다.

그동안 이미 어느 정도 관계가 굳어진 라스라이터와 처음 경계를 세울 때, 가스라이터는 당연히 저항할 것이다. 그의 목표는 자신의 필요에 따라 당신을 통제하는 것인데, 경계를 세우면 그 일이 어려워지기 때문이다. 그래서 가스라이터는 앞서 살펴본 여러 가지 전략을 사용할 것이다. 그러나 당신은 이미 그의 전술을 알고 있고 그에 대비할 수 있다. 가스라이터는 분노, 자기연민, 후버링, 잠수이별, 벽 쌓기 같은 여러 가지 전략으로 당신을 조종하려 할 것이다. 가스라이터는 이런 기술들로 당신이 세운 경계를 무너뜨리고 자신의 통제력을 되찾으려 한다는 사실을 잊지 마라.

경계 설정에 대한 사람들의 인식

많은 사람이 대인관계에서 경계를 세우기를 어려워한다. 경계 설정이 누군가를 밀어내고 이기적으로 행동하거나 냉정하게 대하는 일처럼 느껴지기 때문이다. '부모화parentification'(아이가 부모나 형제에게 부모처럼 행동하도록 강요받는 역할 역전 – 옮긴이)된 아이는 경계를 세우면 '착한 아이'가 아니라고 생각할 수 있다. 당신은 자녀와 부모 역할에 대한 개념이 없고, 자율성과 독립성 추구라는 적절한 발달 과제를 수행하며 성장하기 어려운 무질서한 가정에서 자랐을지도 모른다. 많은 사람이 "내 말에 '아니요'라고 하지 마!"라는 강요가 뿌리 깊게 박힌 권위적인 가정에서 성장한다. '아니요'라는 말을 '나쁘다'와 동일시하면, 경계를 세우기도 전에 허물어버리기 쉽다.

억압적 메시지는 삶의 곳곳에서 강화된다. 당신을 통제하는 친구, 부모, 종교기관, 상사는 당신이 할 수 있는 것보다 더 많은 일이나 당신의 한계를 넘어서는 일을 강압적으로 요구할 수 있다. 가스라이터는 적절한 사랑, 봉사, 숭배, 행동이 무엇인지에 대한 자신의 해석을 당신에게 주입한다. 당신이 생각하는 인간관계에 필요한 적절한 경계를 무시하면서 말이다. 당신을 함정에 빠뜨려 잡아두기 위해 죄책감을 이용하기도 한다.

경계 설정을 더 깊이 이해하기 위해 이타심과 이기심에 대한 당신의 가치관과 믿음을 검토해볼 필요가 있다. 자신의 필요를 돌보는 일이 이기적인 행동이고 당신의 필요는 중요하지 않다고 생각하면서 컸다면, 경계 세우기는 어려운 과제다. 특히 사회는 많은 여성에게 '좋은 여자가 되려면 아낌없이, 끊임없이 베풀어야 한다'라는 그릇된 생각을 주입한다. 만일 특정 조건을 만족해야 사랑받을 수 있었던 경험이 있다면, '아니요'라고 말하는 일 자체가 관계를 위험에 빠뜨리는 무서운 행동처럼 느껴질 수 있다. 그러나 건강한 관계는 거래가 아니다. 당신은 한계를 정할 수 있고, 어떤 경우라도 가치 있고 사랑받아야 할 존재임을 잊어서는 안 된다.

한계를 정하라

경계 세우기는 당신이 누구이고 당신에게 무엇이 필요한지를 다른 사람에게 전달하는 일이다. 건강한 사람들은 당신을 이용하려고 하지 않는다. 그렇지만 당신이 전혀 반대 의사를 전달하지 않는다면, 상대방은 관계에 문제가 있어도 알아차리지 못할 수 있다. 예를 들어 상사가 업무를 줄 때마다 군말 없이 받아 당신의 업무가 과도해졌다고 해보자. 상사가 당신에게 업무 처리 능력이 있다고 잘못 판단한 것이 반드시 그의 잘못만은 아닐 수 있다. 마찬가지로 언니가 조카를 돌봐달라고 부탁할 때마다 항상 거절하지 않는다면, 당신이 자유시간이 없어서 지쳤다는 사실을 언니가 어떻게 알겠는가? 좋은 관계에서도 의사소통을 하지 않으면 불만이 쌓여 서로에게 피해가 간다. 다른 사람에게 당신의 경계를 알리는 것은 당신 자신뿐 아니라 상대방에 대한 존중이기도 하다.

가스라이터는 당신이 세운 경계에 당연히 저항한다. 가스라이터의 저항은 그 관계가 건강한지 알려주는 리트머스지다. 가스라이터가 저항한다고 해서 물러서면 안 된다. 끊임없이 주기만 하고, 당신의 필요를 주장하지 못하고, 상대방이 당신을 학대하게 내버려

둔다면 머지않아 몸은 탈진되고, 마음은 고갈되며, 자존감은 바닥을 칠 것이다. 당신은 더 나은 대우를 받아야 하고 그럴 자격이 있다.

건강한 관계는 받기뿐 아니라 주기도 포함한다. 한쪽에만 에너지와 노력이 가중된다면, 그 관계에 경계 세우기가 필요하다는 뜻이다.

한계를 칼같이 정확하게 정할 필요는 없다. 건강한 사람과의 관계에서는 침투 가능한 경계를 정할 수 있다. 경계를 문이 있는 벽에 비유하면, 당신의 경계를 존중하고 신뢰할 수 있는 사람에게는 열쇠를 내줄 수 있다. 예를 들어 토요일 아침은 당신이 시간을 따로 내서 책을 읽거나 운동을 하거나 영혼을 채우는 '나의 시간'으로 정할 수 있다. 그러나 몇몇 친구가 당신을 만나고 싶어한다면 그 경계를 조정해서 친구들에게 시간을 내줄 수 있다. 당신을 이용하려는 사람들이 아님을 알기 때문이다. 경계 세우기는 사랑을 차단한다는 뜻이 아니다.

처음부터 다시 시작하라

이제 경계 세우기의 필요성은 이해했지만 어디서부터 시작해야 할지 막막할 것이다. 성향과 욕구, 생활 환경, 당신이 맺고 있는 관계에 적절한 새로운 경계를 세우는 방법을 알아보자. 당신의 삶에 어

건강한 경계 설정의 실제적인 예

경계 설정이 실생활에 적용되는 몇 가지 예를 살펴보자.

마리오와 로사는 자주 말다툼을 했다. 마리오가 집에 돌아오자마자 로사는 그에게 비난과 잔소리를 퍼부었다. 마리오는 주먹을 꽉 움켜쥐었다가 풀고 심호흡을 하고 나서 "여보, 아이들 앞에서 싸우고 싶지 않아. 나중에 얘기해"라고 말했다. 그런데도 로사는 계속 마리오에게 욕을 퍼부었다. 마리오는 눈이 동그래진 아이들을 보면서 마음을 다잡았다. "나중에, 여보. 난 지금 샤워를 해야겠어." 마리오는 아들의 이마에 입맞춤을 하고 딸의 머리를 쓰다듬고 욕실로 들어가 문을 잠갔다.

· · ·

아이샤는 엄마와 통화를 끝낼 때 떨고 있었다. 그녀는 한참 동안 창밖을 내다보다가 언니에게 문자를 보냈다. "언니, 나한테 화가 나면 엄마한테 불평하지 말고 나한테 직접 얘기해줘. 나는 언니를 사랑해. 그러니 우리가 서로 허심탄회하게 자기 생각을 얘기했으면 좋겠어."

· · ·

아흐마드는 동료인 벨라의 행동이 가스라이팅임을 깨달았다. 그리고 좋아하는 일을 계속하려면 뭔가 변화가 필요하다고 생각했다. 아흐마드는 벨라에게 이렇게 말했다. "벨라, 당신이 나한테 말한 내용과 상사에게 보고한 내용이 달라서 혼란스러울 때가 많아요. 계속 이런 식이면 다른 팀원이 없을 때 당신과 프로젝트 데이터를 검토하지 않겠어요. 그리고 내 기억이 정확하다는 걸 확인하기 위해서 당신과 나눈 대화를 메모할 거예요."

떤 경계가 필요할지 알려주는 다음 내용을 주의 깊게 살펴보라.

당신의 욕구를 존중하라

효과적인 경계 설정은 자신의 욕구를 인식할 때 시작된다. 당신의 욕구는 중요하고, 당신이야말로 그것을 가장 잘 충족시킬 수 있는 사람이다. 공부할 시간이나 가족과 함께 보낼 시간이 필요할 때, 잠잘 시간이 부족할 때, 인종차별적 발언이나 장애인을 비하하는 말을 피하고 싶을 때, 베이비시터가 오지 못하는 경우 미리 알려주기를 바랄 때, 원하는 바를 얻을 유일한 방법은 언어로 당신의 경계를 설정하고 행동으로 옮기는 것이다. 그저 바라고 불평하고 원망하기만 하면 결코 필요한 것을 얻을 수 없다.

건강한 관계에는 당신의 욕구와 다른 사람의 욕구가 공존할 공간이 있다. 당신은 상대방에게 당신의 모든 욕구를 채우라고 요구하지 않고, 반대로 상대의 욕구를 채워주기 위해 자신의 욕구를 외면하지 않는다. 또한 상대방의 인정과 애정을 얻으려고 스스로 작아지지도 않는다.

지속적으로 당신의 감정을 확인하라

가스라이터의 요구, 부탁, 욕구, 죄책감을 갖게 하는 말, 그 외의 다른 조종에 반응할 때 어떤 감정을 느끼는가? 그들이 원하는 일을 하지 않으면 어떤 느낌이 들 것 같은가? 그들의 관심이나 친밀감을 잃어버릴까 봐 두려운가?

　당신의 감정은 중요하다. 친밀한 관계에서는 서로 희생할 수 있다. 그러나 지속적으로 당신에게 희생을 요구하고, 당신을 지치고 고갈되고 분노하게 만든다면 이미 관계의 균형은 깨진 것이다. 누군가가 당신에게 요구한 일을 하지 않아도 된다고 상상해보라. 누군가의 요구를 거절하는 상상을 하면 비로소 자유로움을 느끼는가? 그렇다면 현재 당신이 맺고 있는 관계에 경계가 설정되어 있지 않았다는 의미다.

　정기적으로 자신을 살피고 감정을 알아차려라. 그 감정이 당신에게 무슨 이야기를 하는가? 그 이야기에 귀를 기울여라.

당신이 편하게 느끼는 것은 무엇인가?

상대방이 어떻게 반응할 것인가 하는 질문은 잠시 접어두자. 어떤 관계에서 당신의 태도를 결정할 수 있는 완전한 권한과 자율성을 가지고 있다고 상상해보라. 소통 방식, 소통의 빈도, 시간, 상대방이 당신에게 말하는 방식과 당신에 대해 말하는 방식, 다른 사람에게 당신의 비밀을 공개하는 행동, 대화 주제, 함께 보내는 시간, 떨어져 있는 시간, 경우에 따라 신체적 접촉이나 섹스, 사적인 공간 등의 영역에서 당신이 편하게 느끼는 것은 어떤 것인가? 당신이 가스라이터와 관계를 맺고 있다면 앞서 말한 영역 중에서 불편함을 느끼는 경우가 분명히 있을 것이다.

자신의 생각을 검열하지 말고 그 영역이 당신이 원하는 대로 개선되었을 때의 관계를 상상해보라. 정답은 없다. 당신에게 필요한 경계는 당신의 성격과 당신이 자기 자신을 얼마나 잘 알고 있는가에 따라 달라진다. 내향적인가 외향적인가에 따라 설정하는 경계가 달라지기는 하겠지만, 어느 쪽이든 경계가 필요하다는 사실은 변함없다. 또한 조직적인 성격인가 자유로운 성향인가에 따라 얼마나 철저하게 또는 유연하게 경계를 설정할 것인지는 달라진다. 그러나 어떤 경우든 모든 사람에게는 소통하고 존중받고자 하는 욕구가 있음을 기억하라.

자신에게 권한을 부여하라

위의 질문들을 읽고 생각하면서 삶에서 어떤 영역에 경계를 설정하거나 강화해야 할지 윤곽이 잡혔을 것이다. 그리고 그 경계의 특성과 당신이 하고 싶은 말, 그 경계를 행동으로 옮기는 방법을 구체적으로 생각했을 것이다. 다음으로 중요한 단계는 자신에게 권한을 부여하는 것이다.

당신을 망설이게 하는 두려움이나 불안에 대해 생각해보라. 당신에게 필요한 경계를 설정한 데 따른 두려움의 대가는 무엇인가? 그 대가를 치를 거라는 생각은 얼마나 현실적인가? 오히려 경계를 설정하거나 강화하지 못한 대가로 이미 고통스럽지는 않은가?

경계 설정은 자신을 보호하는 행동이다. 당신은 경계가 제공하는 정서적·신체적·심리적 보호를 받을 자격이 있다. 당신에게 자기 자신을 선택할 권한을 부여하라.

너무 많거나 너무 빠르면

새로운 관계를 설정할 때는 속도에 유의해야 한다. 가스라이터는 당신을 열광적으로 숭배하면서 빠른 속도로 관계를 발전시킨다. 새로운 데이트 상대가 사랑 고백을 너무 빨리 하거나, 육체적인 접촉을 강요하거나, 함께할 미래를 너무 일찍 논의한다면 주의하라. 새로 알게 된 사람이 너무 빨리 당신이 가장 좋은 친구라면서 하루 종일 문자를 보내기 시작한다면 그를 경계해야 한다. 교회에 새로 들어온 교인에게 어린이반을 가르치게 하는 등 가입하자마자 보수가 없는 책임자나 리더의 지위로 승격시키는 집단도 조심해야 한다.

당신이 무엇을 편안하고 적절하게 느끼는지 깊이 생각해보라. 칭찬을 마구 쏟아붓는 사람은 당신의 자존감을 높여줄 수는 있지만, 그만큼 이 관계에 경계가 부족하며 잠재적인 억압과 통제의 가능성이 있다는 경고 신호일 수 있다. 개인이나 공동체와의 관계가 건강하다면 시간을 두고 상대방과의 경험을 고찰하고, 직관에 따라 관계를 발전시킬지 끝낼지 결정할 수 있다.

강한 자아인식을 바탕으로 당신의 가치를 보호하려면 확고한 경계 설정이 필요하다. 그러나 경계 설정이 좀 더 유연해야 할 때도 있다. 당신의 욕구와 에너지는 상황에 따라 달라진다. 변화를 잘 살피면서 상황에 맞춰 일시적인 경계를 세우고 자신의 의견을 주장할 권한을 스스로에게 부여하라. 예를 들어 '나는 몸이 너무 피곤할 때는 시댁에 가지 않는다' 같은 일반적인 원칙을 경계로 설정할 수 있다. 정기적으로 이런 경계를 확인하고, 실제 상황에서 "죄송하지만, 오늘 저녁식사에 참석할 수 없을 것 같아요. 다음 주에 갈게요"라는 말로 상대방을 비난하지 않으면서 당신의 생각을 주장해보라.

자기주장을 연습하라

경계를 설정하려면 자기주장이 필요하다. '나는 자기주장을 못해'라는 이유로 이 부분을 건너뛰고 싶을지도 모른다. 그러나 자기주장 능력은 키울 수 있다. 자기주장은 확고한 자아인식과 자신의 가치, 솔직한 의사 표명의 권리를 자각하는 것에서 시작된다.

자기주장은 공격적인 것이 아니다. 자기주장은 '착한 사람'으로 인식되려는 욕구에서 비롯된 경계가 없는 '수동성'과 자기 뜻을 관철하기 위해 다른 사람의 경계와 권리를 무시하는 '공격성' 사이에 있는 최적 지점이다. 자기주장은 필요한 것과 원하는 것을 단호하고 자신 있고 침착하게 표현하는 것을 의미한다.

자기주장은 다양한 방식으로 표현될 수 있다. 정해진 답 같은 것은 없다. 자기주장을 위해서는 자기인식, 명료함, 진정한 자아와의 소통이 필요하다. 만일 지속적으로 정서적 학대나 가스라이팅을 당했고, 그로 인해 자신감이 위축되고 자기의심에 빠졌다면 자기주장은 매우 어려운 일일 수 있다.

오랫동안 자신의 감정과 권리가 침해당한 관계에서 새로운 경계를 설정해야 할 때는 두려울 수밖에 없다. 그런 경우 일상적인 상황에서 자기 의견을 표현하는 연습을 해보자. 예를 들어 식당에서 주문한 음식이 잘못 나왔는데 원하지 않는 음식을 그대로 먹거나 배가 고픈데도 음식을 먹지 않고 그냥 식당을 나가는 대신, 식당 주인에게 정중하게 문제를 지적하고 원하는 음식으로 바꿔달라고 요청해보자. 어떤 행동이 불러오는 불편한 감정을 알아차리고, 당신에게 자기주장을 할 권리가 있음을 확인하고, 불편한 감정을 해결해야 한다. 바쁜데 함께 놀아달라고 요구하는 친구에게 당신의 생각을 주장할 수 있는 경계를 설정해야 한다. 안 그래도 부족한 수면 시간을 쪼개는 대신 친구에게 이렇게 말해보자. "나도 너와 함께 시간을 보내고 싶지만 오늘 밤은 곤란해. 다음 주말에 만나는 게 어때?" 이렇게 위험 부담이 적은 상황에서 화를 내거나 위축되지 않고 의견을 말해보는 방식으로 자신감을 얻는 연습을 할 수 있다. 당신이 걱정하는 반응이 반드시 실제로 일어나지는 않는다는 사실을 알고 나면, 더 어려운 상황에서 당신이 키운 자기주장의 근육을 유연하게 사용할 수 있을 것이다.

죄책감과 두려움 다루기

경계 설정에서 가장 큰 어려움은 다른 사람들의 반응에 대한 두려움이다. 누군가의 부탁을 거절하면 그를 실망시켰다는 죄책감을 느낄지도 모른다. 그 사람의 요청을 거절하면 더는 당신을 사랑하거나 존중하지 않거나 당신과 절연할까 봐, 승진 기회를 놓칠까 봐 걱정할 수 있다. 상대방이 화를 낼까 봐 두려울 수도 있다.

하지만 당신은 다른 사람의 감정을 책임지지 않아도 된다. 당신이 배려심이 많은 사람이라면, 경계를 세웠을 때 상대가 실망하거나 상처받는다는 사실을 받아들이기 힘들 것이다. 하지만 상대방의 감정을 덜어주거나 기분에 맞추느라 자신을 희생하지 않고도 충분히 경계를 지키고 상대의 실망에 공감해줄 수 있다.

상대방이 당신에게 피해의식을 가지고 반응하거나 화를 내면서 당신을 맹렬하게 비난한다면, 그 사람이 당신과의 관계에서 적절한 경계를 설정하지 못했다는 뜻이다. 당신이 할 일은 자신의 욕구를 인식하고, 상대방에게 친절과 배려를 베풀되 당신의 필요를 확고하게 주장하는 것이다.

상대방의 감정을 달래주는 것은 당신의 책임이 아니다. 당신의 상황을 가장 잘 아는 사람은 당신 자신이다. 경계를 설정하거나 상대방의 요구를 거절했을 때 상대방이 폭력을 행사할 위험이 있다면, 먼저 당신의 신체적 안전과 거리를 확보해야 한다. 경계 설정은 협상이 아니다. 경계는 전제조건이 있는 시나리오가 아니라 결론이다. 그리고 행동으로 계속 경계를 강화해야 한다. 말 – 행동으로 끝내지 말고, 겹겹이 이어지는 행동 – 말 – 행동으로 경계를 강화해야 한다. 예를 들어 "네가 내 몸무게에 대해 이야기하면 기분이 나빠. 그 얘기를 계속하면 전화를 끊겠어"라는 말로 당신의 의견을 주장하는 경계를 설정할 수 있다. 신체적 안전이 걱정되는 상황이라면 다음과 같은 말로 경계를 설정할 수 있다. "나는 네 곁을 떠나기로 결정했어. 앞으로 안전한 곳에서 지낼 거야. 너에게 다시 돌아오지 않겠어. 나한테 다시 연락한다면 경찰에게 알릴 거야."

점점 더 쉬워진다

어느 지점에 어떤 방식으로 경계를 설정해야 도움이 될지 판단하기는 쉽지 않지만 경계 설정에서 꼭 필요한 첫걸음이다. 그리고 이제 시작일 뿐이다. 가스라이터는 당신에게 도전하고 당신이 설정한 건강한 경계를 침범할 것이다.

이 단계에서 당신의 모든 노력이 검증되고 가치가 증명된다. 가스라이터의 저항에 굳건하게 맞서야 한다. 설정한 경계를 말로 표현하고 행동으로 뒷받침하라. 반복적으로 당신의 경계를 말로 전달하고 행동으로 보여줘라. 상대방이 욕을 하면 더 이상 대화하지 않겠다고 말했다면, 실제로 상대가 욕을 했을 때 반드시 대화를 끝내야 한다. 주말에는 일하지 않겠다고 선언했다면, 실제로 주말에 일을 하지 않아야 한다. 당신이 세운 경계는 정당하며, 당신은 그 경계의 보호를 받아 마땅하다.

시간이 갈수록 점점 더 쉽게 경계를 설정하고 실행할 수 있을 것이다. 초기에는 사람들이 저항하겠지만, 시간이 지나면 결국 당신을 더 이상 압박하지 않고 일관성 있는 당신의 경계를 수용할 것이다. 그리고 당신은 한계를 주장할 수 있는 권리와 능력에 대해 자신감을 얻고, 정서적·신체적 공간을 보호받기 시작한다. 그 단계가 되면 상대방에게 굴복하려는 중압감을 쉽게 극복할 수 있다.

개인의 경계를 강화하면 삶이 긍정적인 방향으로 재구성된다. 당신을 이용하거나 학대하기만 하는 사람들과 거리가 확 멀어지거나 관계가 끊길 수 있는데, 이로 인해 애도의 단계로 되돌아갈 수도 있다. 그러나 슬픔을 다시 극복하는 과정에서 자신이 설정한 삶의 경계 안으로 당당하게 다른 사람들을 맞이할 수도 있다. 당신이 진정으로 가치 있고 소중한 존재라는 사실을 삶 속에서 증명할 때 자존감 또한 높아질 것이다.

이 단계를 거치면서 가스라이터가 존중하지 않거나 침범하는 영역이 어디인지 알게 될 것이다. 다음의 건강한 경계 만들기 연습을 통해 경계를 진단하고, 경계 설정을 준비하고, 실제로 경계를 세워 보자. 이렇게 완성된 경계는 행복을 키우고 꾸준히 자신을 돌볼 수 있는 밑거름이 된다.

잠시 시간을 내서 당신이 설정한 경계의 현재 상태를 점검해보자. 각 영역에서 해당되는 박스에 체크하며 경계가 어느 정도로 작동하는지 진단해보라.

	약하다	건강하다	엄격하다
사회적 경계			
정서적 경계			
신체적 경계			
성적 경계			
물질적 경계			
시간적 경계			

경계 설정을 방해하는 생각 파악하기

원하는 경계 설정을 망설이게 하는 두려움과 내면의 목소리를 생각해
보라. 왼쪽 칸에 경계 설정에 대한 부정적인 생각을 적고, 오른쪽 칸에
그에 대한 반박을 적어보자.

방해가 되는 생각	생각에 대한 반박
'아니요'라고 말하는 것은 이기적인 행동이다.	내게 필요한 에너지를 보호해야 상대방에게 진심으로 베풀 수 있다.

이 단계는 행동 계획을 바탕으로 새로운 경계를 정하거나 기존의 경계를 이상적인 상태로 강화하는 중요한 단계다. 각 영역에서 행복을 키울 수 있는 경계를 정하라. 다음으로 상대방에게 당신의 경계를 전달할 말과, 그 말을 실천하기 위해 할 수 있는 행동을 적어보자.

	말	행동
사회적 경계		
정서적 경계		
신체적 경계		
성적 경계		
물질적 경계		
시간적 경계		

이 단계에서 경계가 얼마나 안전하고 실용적일지 궁금할 것이다. 그리고 가스라이터가 과연 당신의 경계를 존중할 것인지 의문이 들 것이다. 심지어 경계 설정이 그럴 만한 가치가 있는 행동인지 자문할지도 모른다. 당신의 경계 안에 누구를 들이든, 그 사람과의 관계에서 경계를 설정해서 그 이점을 누려야 함을 항상 기억하라. 지금까지의 연습을 바탕으로 6단계에서는 현재 당신이 맺고 있는 관계의 특성이 무엇인지 더 깊이 살펴보자.

결단하기

나 자신을 위한 관계 종결

앞장에서 살펴보았듯이 경계란 당신과 자기 자신과의 관계, 그리고 당신과 타인의 관계를 건강하게 유지할 수 있는 거리와 한계다. 그러나 만일 다른 사람들이 당신이 정한 거리와 한계를 존중하지 않는다면 어떻게 될까? 어쩌면 관계를 끊어내고 싶을지도 모른다. 이 장에서는 당신의 고유한 상황에서 관계 끊어내기가 필요할지, 그것이 과연 현명한 일인지, 또 가능하기는 한지 알아보자.

결단

지금까지 당신은 가스라이터와의 관계에 경계를 설정하고 행동으로 옮기기 위해 노력했다. 그러나 가스라이터는 당신의 정서적 공간과 물리적 공간을 무시하고 존중하지 않았을 것이다. 당신은 건강한 경계를 설정했지만, 그 결과 폭력을 당할지 모른다는 직감에 떨고 있을지도 모른다. 또는 절실하게 가스라이터와의 관계를 끊고 싶지만 경제적인 문제나 반려동물, 복잡하게 얽힌 가족관계가 장애물이 될 수도 있다. 어쩌면 관계의 문제점을 해결하는 최선의 방법이 경계 설정인지, 아니면 완전히 관계를 끊어버리는 것인지 고민하고 있을지도 모른다.

이 장에서는 당신이 확신을 갖고 자신의 행복을 위한 결정을 내리는 데 도움이 되는 질문과 다양한 사례를 살펴보자.

누군가의 가스라이팅을 막을 수는 없다

가스라이팅에서 벗어나는 단계를 진행하면서 한 가지 주제가 빠졌음을 눈치챘을 것이다. 바로 가스라이터의 가스라이팅을 멈추는 방법이다. 진실을 말하자면 당신은 누군가를 고칠 수 없다. 스스로 근본적인 변화를 원치 않는 사람을 바꿀 수 있는 사람은 아무도 없다. 그리고 무엇보다 중요한 사실은, 당신은 다른 사람의 선택이나 행동에 책임이 없다는 것이다. 당신을 목표물로 삼은 가스라이터의 행동에 당신은 어떤 책임도 없다.

당신이 통제할 수 있는 대상과 상황은 한계가 있음을 인정하라. 당신은 자신의 문제를 규정하고, 그 문제에 이름을 붙이고, 이해할 수 있다. 자기 자신을 잘 알고 상식적인 사람이라면, 수용할 수 있는 한계를 스스로 정할 수 있을 것이다. 결론적으로 당신은 가스라이터의 반응을 통제할 수 없다. 단지 자기 자신을 돌보고, 자신의 안전을 보장하고, 당신에게 의지하는 사람들을 안전하게 보호할 수 있을 뿐이다.

종결하기

당신에게 중요한 관계가 끝을 향해 갈 때, 그 관계가 종결되었다는 명확한 감정을 느끼고 싶을 것이다. 종결이란 이전의 관계가 끝난 이유를 명확히 규정하고, 이별에 대한 혼란스러운 감정을 정리하고, 새로운 관계가 싹틀 공간을 준비하는 일이다. 당신이 관계를 끝낸 쪽이라면 관계가 종결된 이유를 명확하게 알 것이다. 반대 경우라면 당신에게는 종결의 진정한 의미를 생각할 시간이 필요하다.

그 과정에서 슬픔의 단계로 되돌아갈 수도 있다. 퇴보가 아니라 더 깊은 해방과 치유를 위한 과정이다. 나선형 계단을 올라가듯 계단을 한 바퀴 돌아 마침내 더 높은 곳으로 올라갈 것이다. 관계를 종결할 때 현재 존재하지 않는 것과 앞으로 존재하지 않을 것에 대한 상실감을 충분히 느끼고 놓아 보내는 과정을 통과해야 한다. 그 고통을 수용하고, 느끼고, 당신이 느끼는 후회와 상처에 이름을 붙이고, 마지막으로 털어내야 한다.

복잡했던 관계를 종결하는 과정에서 그 관계에서 얻은 것은 내면화하고, 정신적으로나 직접적으로 고마움을 표현해야 한다. 그리고 당신이 받은 피해를 규정하고 더 이상의 피해를 거부해야 한다. 그 과정을 통과함으로써 그 관계로부터 자유로워질 수 있다.

최종적이고 자발적인 종결은 상대방을 용서하는 것이다. 용서는 상대방의 부정적인 행동을 묵인하거나 당신이 계속 피해를 입도록 허용하거나 그 행동이 당신에게 끼친 영향을 부인한다는 뜻이 아니다. 용서는 과거에 일어난 일을 놓아주고, 상대방에 대한 원망과 복수의 욕망을 버리고, 상대방과 관계를 끝내고 나서 과거에 상대가 한 행동이 당신의 현재나 미래에 영향을 주지 않게 하겠다는 뜻이다. 용서는 당신 자신과 당신의 자유를 위한 것이다.

종결은 당신이 해야 할 일이다

종결은 당신이 내면에서 스스로 만들어나가야 하는 과정이다. 가스라이터가 관계를 종결하기를 기다려서는 안 된다. 가스라이터의 목표는 당신을 통제하는 것이므로 당신을 선선히 놓아주지 않는다. 종결은 가스라이터를 변화시키는 것이 아니다. 가스라이터가 당신의 경계나 작별을 받아들이지 않아도 상관없다. 상대가 허락하든 허락하지 않든 당신이 삶에서 원하는 바를 결정할 권한은 당신에게 있다. 당신의 종결은 그들의 허락에 달려 있지 않다.

가스라이터가 관계를 끝내려고 하지 않는다면 어떻게 관계가 종결되었다는 감정을 가질 수 있을까? 종결의 중요한 요소 중 하나는 바로 가스라이터와의 관계와 두 사람 사이에 일어났던 일을 당신이 주도적이고 일관적으로 서술하는 것이다. 자꾸만 현실을 왜곡하는 가스라이팅 관계에서 벗어나려면 어렵겠지만 이 과정이 반드시 필요하다. 당신의 이야기를 말하라. 글로 쓰거나, 친구에게 말하거나, 심리치료사에게 말하는 것도 좋은 방법이다. 이야기를 통해 당신이 겪은 일을 이해하고, 과거에 남겨두고, 털어낼 수 있다.

이 과정에서 가스라이터가 당신이 상상했던 그런 사람이 아님을 확실히 깨닫고, 그 사람에 대한 비현실적인 기대를 버리고, 객관적인 진실을 직시할 수 있다. 그리고 이별이 당신에게 가져올 긍정적인 결과에 초점을 맞추게 될 것이다.

아직 끝나지 않았다는 미진한 감정을 느낄 수도 있다. 그럴 때 빈 의자 기법empty chair technique(자신 또는 타인과의 해결되지 못한 문제나 관계를 지금, 여기에서 다루기 위해 빈 의자를 사용하는 기법 - 옮긴이)을 통해 관계의 종결을 실감할 수 있다. 혼자 있는 공간에서 맞은편에 의자를 놓고 당신을 괴롭혔던 가스라이터가 앉아 있다고 상상해보라. 어떤 느낌이 드는가? 그에게 무슨 말을 하고 싶은가? 당신은 안전하고 그 사람은 당신을 해칠 수 없음을 기억하라. 마음속에 아무것도 남지 않을 때까지 할 수 있는 모든 말을 해보라.

또 다른 방법은 가스라이터에게 편지를 쓰는 것이다. 관계의 양상에 따라 가스라이터에게 편지를 쓸 수도 있고, 단지 종결의 의식으로 자신을 위한 편지를 쓸 수도 있다. 해야 하는 말을 모두 쓰려면 며칠이 걸릴 수도 있다. 이제 다 쓴 편지를 덮고 심호흡을 하라. 공유를 위해 요약된 내용의 편지를 하나 더 써도 좋다. 나중에 혼자 보기 위해서 쓴 편지라면 접어서 보이지 않는 곳에 보관하라. 기억하라. 종결은 당신 자신을 위한 것이다.

접촉 차단하기

일단 관계를 종결했으면 가스라이터를 계속 확인하지 않아야 한다. 그의 번호를 차단하고 SNS를 끊어라. 한번 문을 닫았으면 절대 열지 말아야 한다. 당신은 이미 결정을 내렸고 선을 넘었다. 되돌아갈 이유가 없다.

가스라이터는 어느 정도의 인격장애 증상이 있는 사람들이고 바뀔 가능성이 거의 없다. 만일 그에게 기회를 준다면, 그는 버림받지 않기 위해 애정공세·평가절하·버리기의 사이클 안에 당신을 다시 가두려고 할 것이다. 그들의 게임에 휘말리면 안 된다.

위험한 가스라이터가 억지로 당신을 되찾기 위해 조력자들을 풀어놓으면, 어려운 결정을 내려야 할 두 번째 라운드가 펼쳐진다. 조력자들이 가스라이터와 단단히 협력하며 당신의 경계를 존중하지 않으면, 그들과의 접촉도 차단하거나 엄격하게 제한해야 한다. 당신이 조력자와 깊은 관계를 맺고 있었다면, 그들과의 관계를 끊기로 결정하기가 가스라이터와의 관계를 끊는 것보다 훨씬 더 어려울 수도 있다. 가스라이터의 조력자가 가족이거나 친구인 경우, 또 다른 슬픔과 고통을 겪을 것이다. 이런 어려운 결정을 실행에 옮길 때 당신은 평화를 누릴 자격이 있다는 진실을 잊지 말아야 한다. 당신은 진실로 자유를 누릴 자격이 있는 사람임을 기억하라.

눈을 감고 가스라이터가 없는 삶을 상상해보라. 무엇이 보이는가? 어떤 느낌인가? 무엇이 달라졌는가? 당신은 어디에 있는가? 충분한 시간을 가지고 이 질문을 곱씹어보라. 불안이 올라오면 그 감정을 탐색하라. 어떤 면이 두려운가? 항복하고 싶은 두려움인가, 아니면 극복하고 싶은 두려움인가? 질문에 정답은 없다.

《실험사회심리학 저널Journal of Experimental Social Psychology》에 실린 이별 스트레스에 관한 연구에 따르면, 사람들이 관계를 끝낼지 고민할 때 예상되는 부정적인 감정을 과대평가하는 경향이 있다. 실제로는 생각하는 것보다 훨씬 더 쉬울 수도 있다. 당신의 마음에 귀를 기울여보라. 그곳에 지혜가 있다.

차단이 어렵다면 어떻게 해야 할까

차단이라는 강경책을 선택할 수 없을 수도 있다. 법적 문제 또는 현실적인 문제가 당신의 발목을 잡고 있을 수 있다. 가족관계가 복잡하게 얽혀 있는 경우, 완전히 접촉을 차단하는 것보다 적절한 경계를 유지하는 편이 좋을 수 있다. 그럴 때는 한동안 접촉을 유지하다가 어느 정도 시간이 지나 이별하는 것도 한 가지 방법이다

가장 간단한 경우는 친구나 자녀, 반려동물을 공유하지 않은 커플 관계다. 감정적인 연결은 있을지언정 물리적인 족쇄가 있는 경

우는 드물기 때문이다. 직장과 관련이 있다면 상황이 복잡해진다. 현실적으로 관계를 끊기 전에 대체할 일자리를 찾을 때까지 계속 일하면서 기다리는 시간이 필요하다. 가장 복잡한 시나리오는 가족과 관련된 상황이다. 당신에게 의존하는 연로한 부모는 형제자매와의 관계에서 중요한 연결고리다. 자녀 양육권을 공유하는 배우자나 파트너는 가장 복잡한 상황에 놓인다.

자녀가 관련된 경우

부부가 '아이들을 위해서' 서로에게 해로운 관계를 지속하는 경우는 드물지 않다. 물론 희생은 고귀하지만 그 관계를 지속하는 것이 당신과 자녀에게 정말 이로운지, 아니면 더 큰 피해를 주는지 냉정하게 판단해야 한다. 가정에서 정서적 학대를 '정상적인' 관계로 인지하면서 자란 아이들은 성인이 되어서도 타인과의 관계에서 같은 패턴을 따를 가능성이 크다. 더욱이 당신이 가정에서 정서적으로 학대받고 있다면 자녀들 또한 정서적 학대를 받고 있을 가능성이 크다. 가정폭력의 징후를 목격하거나 수용하는 아이들은 심리적으로 상처를 입는다. 자녀가 피해를 입는데도 가족이 같이 사는 형태를 유지하는 것은 현명한 해결책이 아니다.

배우자와 헤어지기로 결심했다면 양육권 조정 문제에 부딪힐 것이다. 그런 상황에서 무엇보다 경계를 확고하게 설정하고 강화할 필요가 있다. 이혼을 고려 정도만 하고 있더라도 변호사와 상담하거나 공적 법률 지원을 받는 것이 좋다.

반려동물이 관련된 경우

반려동물이 있는 경우 원만하게 이별하기 위해서는 공동 양육권을 갖는 것이 가장 바람직하다. 일단 상대방과 이별하기로 결정했으면 반려동물을 보기 위해 상대방을 계속 만날지 결정해야 한다. 가스라이터가 반려동물을 공유할 의향이 있다면, 당신을 계속 가스라이팅하거나 조종하거나 회유해서 손아귀에 넣으려는 전략인지 살펴야 한다. 가학적 성향이 심하다면 공동 양육이 반려동물의 안전을 위협할 수 있기 때문에 신중하게 결정해야 한다.

　가스라이터와의 관계를 끝내기로 결정했지만 당신에게 반려동물을 양육할 권리가 없다면, 그리고 가스라이터가 당신의 양육권을 허락하지 않는다면 또다시 깊은 고통과 슬픔의 단계를 거칠 것이다. 그 단계에서 상실의 슬픔을 충분히 느껴야 한다. 문제를 해결할 수 있는 쉬운 길은 없다. 반려동물을 상대에게 맡기는 일은 당신이 베풀 수 있는 가장 큰 호의인 동시에, 당신 자신을 보호할 수 있는 길이다. 그들이 반려동물을 위험하게 한다면 경찰에 신고해야 한다. 무엇보다 당신이 존중받고 안전이 보장되는 삶을 누릴 권리가 최우선이라는 사실을 망각해서는 안 된다.

접촉 제한

여러 가지 복잡한 이유로 상대방과의 접촉을 제한하는 것이 최선의 선택일 수도 있다. 예를 들어 '최대한 1시간 이내로 공공장소에서만 만날 수 있다' 같은 규칙을 정하는 것이다. 상대방과 같은 학교나 교회, 클럽에 소속된 경우, 각자 그곳에 가는 시간을 다르게 정하는 방식으로 확고한 경계를 정해서 접촉을 제한할 수 있다.

공동 양육권을 가지고 있는 경우, '연락은 이메일로만 하고 이메일은 저녁에 확인한다. 이메일은 하루에 한 통 이상 쓰지 않는다. 전화 연락은 비상시에만 한다' 같은 규칙을 정할 수 있다. 가스라이터가 계속 경계를 침범하면 문자를 차단하거나 긴급 상황을 제외한 전화 연락을 차단하는 것으로 접촉 제한 방법을 보강할 수 있다.

관계는 저마다 다양하고 복잡하기 때문에 각각에 맞게 접촉을 제한하고 조절하기란 쉽지 않다. 그렇지만 당신이 원하는 바를 이룰 수 있는 해결책은 반드시 있다. 당신은 자유를 누릴 자격이 있고, 정서적 학대에서 벗어나 자유로운 삶의 공간과 시간을 확보할 능력이 있음을 기억하라.

당신은 그를 떠나야 한다는 것은 알지만 그럼에도 그를 사랑하고 있을지도 모른다. 그런데 만일 가스라이터가 앞으로 달라지겠다고 약속한다면 어떻게 해야 할까? '내가 너무 빨리 포기하는 건 아닐까?'라는 의문이 들 수도 있다. 그 사람을 진실로 사랑하기 때문일 것이다. 그러나 그런 생각은 생각으로 끝내야 한다. 앞에서 말했듯이 근본적인 변화를 원치 않는 사람을 변화시킬 수 있는 사람은 아무도 없다. 당신은 절대로 누군가를 변화시킬 수 없다.

상황이 달라질 수 있는 몇 가지 시나리오가 있기는 하다. 가스라이터가 최악의 상황에 대한 경각심을 갖게 되는 경우다. 역설적이게도 당신이 그를 떠난다는 결정이 그런 경각심을 만든다. 그러나 가스라이터가 당신을 붙잡기 위해 달라진 것처럼 연기할 수도 있으니 조심해야 한다. 그럴 때는 뒤도 돌아보지 말고 그를 떠나야 한다.

그렇다면 가스라이터가 정말 말처럼 달라졌는지 어떻게 알 수 있을까? 그가 이전에 변화를 약속했던 때와 구체적으로 어떤 점이 다른지 살펴보라. 자원해서 개인 심리치료를 받았는가? 그 치료가 당신을 조종하는 행동의 근본적인 원인을 치유하는 데 중점을 두었는가? 부부치료나 당신에 대한 불만에 초점을 맞춘 치료라면 충분하지 않다.

그가 달라졌다는 증거가 보이는가, 아니면 단지 자기가 달라졌다고 주장하는가? 갑작스러운 변화인가, 아니면 시간이 지나서도 지속적인 변화를 보이는가? 자신의 약점을 인정하고 진정성 있게 자기고백을 하는 것이 변화의 지표이자 필수 요건이다. 가스라이터가 진심으로 달라졌다면 자신을 성찰하며 구체적인 반성과 후회를 표현할 것이다. 진정한 사과는 자신의 책임을 구체적으로 인정하고, 양쪽 다 책임이 있다는 식으로 말하지 않는다. 가학적인 가스라이터나 자기애성 가스라이터가 이렇게 변화하는 일은 극히 드물지만, 방어적인 가스라이터나 불안정한 가스라이터에게서는 변화가 나타날 수도 있다.

당신은 자기 자신에게 연민을 느끼면서 동시에 가스라이터에게 연민을 느낄 수 있다. 그러나 상대에게서 진정한 변화의 신호가 보이지 않는다면 건강한 거리를 유지하는 것이 현명하다. 그것이 당신을 충분히 사랑하는 방법이다.

탈출구를 찾아라

맥스를 떠나기란 결코 쉽지 않았다. 스칼릿은 맥스가 다른 사람들을 시켜서 자신을 감시하고 있음을 알게 됐다. 그는 그녀의 전화를 추적하기까지 했다. 스칼릿의 온라인 데이트 신청 프로필을 통제하고, 그녀가 번 돈을 자기 계좌로 입금하게 해서 그 돈으로 집세를 지불했다. 스칼릿은 완전히 맥스의 통제권 아래 놓여 있었다.

어느 날 스칼릿은 화장실 문 안쪽에서 가정폭력 상담소 전화번호를 발견했다. 그녀는 그 번호를 외워서 전화를 걸었다. 전화를 받은 상담

사는 스칼릿에게 현재의 상황에서 벗어날 수 있다고 격려하면서 어떻게 행동할지 구체적으로 알려주었다.

스칼릿은 맥스와의 관계를 끝내고 지금까지의 생활을 청산할 날짜를 결정했다. 맥스와의 관계를 점차적으로 바꾸거나 조율하기란 불가능하다고 생각했다. 그래서 스칼릿은 일부러 열쇠와 휴대폰이라는 중요한 물건을 집 안에 두고 문을 열고 집을 나섰다. 다시는 그곳으로 돌아가지 않을 것이다. 그녀는 밖에 대기하고 있던 차를 타고 안전가옥을 향해 달려갔다. 줄곧 앞만 똑바로 바라보고 한순간도 주변을 돌아보지 않았다.

가스라이터를 떠나는 것은 의도적인 행동이다. 현재 처한 상황을 판단하면서 당신이 맺고 있는 관계가 정서적 학대임을 알았고, 당신이 미쳤거나 신경과민일지도 모른다는 생각이 가스라이터가 조작한 게임의 일부임을 깨달았다면 이 관계가 결코 지속되어서는 안 된다는 것도 알고 있을 것이다.

가스라이터를 떠나는 방식은 각자의 상황에 따라 다양하다. 스칼릿은 자녀가 없어서 비교적 단순했지만, 그럼에도 가스라이터를 떠날 때는 위험을 감수해야 했다. 신체적으로 위험하지 않은 경우도 있지만 경제적인 문제나 부차적인 관계 같은 복잡한 요인이 끼어든 경우도 있다. 부모나 형제자매처럼 밀접한 관계가 아니라도 가스라이터는 당신을 더 완벽하게 통제하기 위해 당신 삶의 여러 영역에 침투해 있을 것이다.

가스라이터를 갑자기 떠나거나 절연하는 것이 최선의 방법이 아니라고 생각한다면, 아래 몇 가지 대안을 살펴보자.

슬로 페이드

슬로 페이드slow fade(이미 관계를 끝내기로 마음먹었지만 상대방이 먼저 헤어지자고 말할 때까지 기다리는 이별 방식 – 옮긴이)는 가스라이터와의 관계를 벗어나는 유용한 방식이 될 수 있다. 하지만 가정폭력 문제에서는 적합하지 않다. 그보다는 종교단체나 동호회 같은 조직을 떠날 때 충성심과 두려움의 상반된 감정을 느끼는 경우에 적합하다. 이때 다른 사람들에게 당신이 떠나는 이유를 설명하지 않아도 된다. 상대방이나 당신이 속했던 조직이 당신의 삶에 더 이상 침범하지 않을 때까지 견고한 경계를 유지하면서 접촉을 줄이거나 거리를 둬라.

경계를 강화하거나 접촉을 차단하는 것이 정말 최선인지 확신이 서지 않을 때는 슬로 페이드가 좋은 대안일 수 있다. 직접 헤어지겠다는 뜻을 전하는 것은 진정성 있고 용감한 태도이지만, 먼저 시험 삼아 가스라이터와의 접촉을 줄이거나 차단해봐도 좋다.

직접적인 방식

신체적인 위협이 없는 상황이라면 직접적인 접근법이 가장 바람직하다. 예를 들어 직장에서 더 이상 가스라이팅을 당하고 싶지 않다면, 그 관계(이 경우 직장)를 끝내기 위해 상사와 직접 대화하는 것이 좋다. 물론 당신의 의사를 밝히기 전에 먼저 다른 일자리를 확보하는 것이 안전하다. 대화가 어렵게 느껴진다면 미리 하고 싶은 말을 적어보는 것도 효과적이다. 당신의 상처와 분노의 감정을 표현하는 글을 쓰고, 초안을 더 짧고 명료하게 줄여보라. 이때 꼭 가스라이터의 이름을 쓰거나 가스라이팅 행동을 명시할 필요는 없다. 어떤 방식이 자신에게 도움이 되는지 판단하고, 건강하지 못한 관계에서 벗어나 당신의 행복을 증가시키는 방향으로 행동하기만 하면 된다.

특히 가족과 거리를 유지하기 위한 경계를 설정할 때는 직접적인 대화가 중요하다. 가족들이 당신의 새로운 행동 규칙을 확실하게 알지 못해 추측하게 하는 것은 효과적인 방법이 아니다. 안전을 위협받아 갑자기 떠나야 하는 경우가 아니라면, 함께 사는 가족에게는 직접 당신이 설정한 경계를 알리는 것이 좋다. 대부분의 경우 이별할 때는 명확하고 직접적인 의사 표명이 최선의 방법이다.

상대방이 반발하는 경우

이별을 통보할 때 가스라이터의 반발은 충분히 예상할 수 있다. 그들의 목적은 결국 당신을 통제하는 것인데, 관계가 끝나면 가스라이터의 통제력이 파괴되기 때문이다. 그들은 당신의 이별 통보에 당혹감과 분노를 느낄 것이다. 소리를 지르거나, 달라지겠다는 약속을 하거나, 당신을 위협할 수도 있다. 아니면 당신의 정신 상태가 온전하지 않다거나, 기억력이 정확하지 않다거나, 정서적으로 불안정하다며 공격하는 전형적인 책략으로 당신이 떠나야 하는 이유를 무시할 수도 있다.

그들의 반발을 최소화하려면 단순명료하게 설명하거나 아예 설명하지 않는 것이 좋다. 그들을 신경 써줄 필요는 없다. 자기 자신에게 집중하고, 자신을 위해 건강한 선택을 하고 있는지 확인하라. 단호하고 침착하게 인내심을 가져라.

가스라이터가 당신의 결정을 반기든 말든 신경 쓰지 마라. 당신은 이미 선택을 했다. 이제 경계를 세우면서 당신의 선언을 행동으로 옮겨라. 당신에게는 그럴 권리가 있다. 이제 길을 따라 앞으로 나아가기만 하면 된다.

당신이 원한다면
친구, 가족, 다른 사람들에게 이야기하라

삶에서 중요한 관계를 끝내기로 결정했다면, 친구들이나 가족들과 그 결정에 대해 대화를 나눌 것이다. 그때 당신의 결정을 단호하게 말함으로써 충고나 회유를 차단할 수 있다. 예를 들어 "나는 이미 결정을 내렸고 그 결정에 대해 이야기하고 싶지만, 내 결정에 대한 의견을 물으려는 건 아니야"라고 말할 수 있다. 당신이 이미 내린 결정을 되돌리려고 한다면, 대화를 끝내는 것으로 대처할 수 있다. 어려운 대화를 시작하기 전에 관계가 끊어진다는 슬픔을 보듬을 시간을 가져라. 그런 시간을 통해 당신의 결정에 대한 확신과 확고한 태도를 굳힐 수 있다. 당신을 지지하는 사람들은 당신이 수용하고 결정한 과정을 공감해줄 것이므로 그들과 대화하는 데 많은 시간이 필요하지 않을 것이다.

자녀가 관련된다면 아이들과 명확하게 소통하는 편이 좋다. 아이들의 질문과 걱정에 귀를 기울이되, 당신이 내린 결정이 당신과 아이들 모두에게 최선임을 확실하게 전달하라. 그러나 폭력적인 가스라이터를 떠나려고 한다면, 아이들과 계획을 의논하지 않는 편이 좋다. 의도적이든 우연이든 계획이 들통나 안전이 위협받는 일을 막아야 하기 때문이다. 그런 경우라면 이별 후에 아동 또는 가족 전문 심리치료사와 함께 결정에 대한 감정을 돌보는 편이 좋다.

당신이 결정한 삶의 변화에 대해 의논할 때 당신의 욕구와 정당한 권리를 확신하고 가스라이터의 행동을 분명하게 알려야 한다. 가스라이터의 지시를 받고 당신의 결정을 흔들려는 조력자들을 경계하라. 당신은 자신에게 무엇이 최선인지 알고 있고, 당신만의 공간에 누구를 들일지 결정할 권리가 있다.

당신을 지지하는 네트워크를 활용하라

당신의 결심을 흔들려는 사람들이 분명히 있을 것이다. 두려워하지 말고 당신을 지지해줄 사람들에게 연락하라. 삶의 전환기는 누구에게나 힘든 시기일 수밖에 없다. 그럴 때 그 외로운 길에서 당신을 도와줄 사람들을 찾아야 한다.

가스라이터의 계략 때문에 멀어진 친구들에게 연락해보라. 그들과 관계를 회복하려면 관심과 시간, 노력이 필요하겠지만 그럴 만한 가치가 있을 것이다. 소중한 사람을 찾고, 열린 마음과 진지한 태도로 그들의 사랑과 지지를 받아들여야 한다. 주변에 그런 사람이 없다면 심리치료사의 도움을 받는 것도 좋은 방법이다.

계획을 실행하라

당신을 지지하는 네트워크를 찾고 구체적인 계획을 세웠다면 이제 실행할 차례다. 아마도 이 단계가 가장 어려울 것이다. 속으로 느끼는 저항감, 두려움, 슬픔을 있는 그대로 받아들여야 한다. 내면의 목소리를 듣고, 감정을 기록하고, 몸으로 느껴야 한다. 그런 다음 자신 있게 턱을 똑바로 치켜올려라. 당신은 가치 있는 존재임을 기억하라. 당신의 가치를 더 높여주고 당신의 삶을 지지할 수 있는 일을 행하라.

가스라이터가 다시 접촉을 시도한다면?

가스라이터는 당연히 당신이 떠나가게 내버려두지 않는다. 당신이 그와 멀어지면 자신의 자의식이 위협받기 때문이다. 가스라이터는 당신이 그를 거부하는 일을 자신에 대한 모욕이자 자기애에 대한 공격으로 받아들이고 불안해한다. 당신을 조종하려는 그의 본성은 당신을 쉽게 풀어주지 않을 것이다. 후버링은 가스라이터들이 흔히 쓰는 책략이다.

고통스러운 결정이었지만 아리엘은 가족과 연락을 끊기로 했다. 아리엘은 어렸을 때 의붓아버지가 자신에게 한 짓을 가족에게 털어놓았다. 그러나 아리엘의 가족들은 인정하지 않았다. 아리엘은 견딜 수 없이 고통스러웠다. 가족들의 주장처럼 그들이 정말 행복한 가족이었다면 아리엘이 10대 시절 겪은 방황은 전적으로 그녀 자신의 책임이 된다. 아리엘은 자신의 선택에 대한 책임은 감수해야 한다고 생각했지만, 더 이상 '문제아'라는 낙인이 찍힌 채 살고 싶지 않았다.

아리엘은 가족들에게 짧고 직설적인 내용의 단체 메일을 보냈다. 가족의 외적인 평화를 유지하기 위해 의붓아버지가 자신에게 했던 일이 없었던 것처럼 행동해야 한다면 더 이상 명절 같은 가족 행사에 참석하지 않겠다는 결심을 알리는 메일이었다. 아리엘은 가족들이 화를 낼까 봐 두려웠다. 그러나 처음 그녀가 받은 반응은 침묵이었다. 그러다가 추수감사절이 다가오자 가족들에게서 전화, 문자, 메일이 오기 시작했다. 언니는 "지나간 일은 없었던 걸로 해"라는 말로 아리엘을 다그쳤다. 엄마는 명절에 자녀들이 모두 모이지 않는다면서 한탄했다. 오빠는 아리엘이 명절을 망쳤다고 화를 내며 그녀를 꾸짖었다.

아리엘이 너무 속이 상해서 울고 있을 때 남편이 가만히 그녀를 안아주었다. 그러고는 그녀의 눈을 바라보며 "이제 어떻게 하고 싶어?"라고 물었다. 아리엘은 거친 숨을 몰아쉬며 대답했다. "1월에 가족들 모두에게 명절 모임에 절대 참석하지 않겠다는 답장을 보낼 거야."

명확하게 설정한 경계가 계속 침범당할 때, 상대방에게 굴복할 것인지 아니면 경계를 더 강화할 것인지 결정해야 하는 어려운 기로에 서게 된다. 그런 경우 무엇보다 먼저 당신에게 정말 상대방을 떠날 의지가 있는지 확인해야 한다.

아리엘은 가족들이 그녀가 과거에 겪은 고통을 무시하고 계속 가스라이팅한다는 것을 깨닫고 침묵을 지키며 자신의 입장을 표명했다. 그러나 가족들은 아리엘에 대한 태도를 바꿀 의사가 전혀 없었다. 아리엘은 더 이상 그들에게 기대할 것이 없다고 확신했다.

자신이 가스라이팅을 당하는 상황에 타협하거나, 알면서도 계속 묵인할 수는 없다. 진실의 인정과 부정 사이에 중간 지점은 없다.

일정 기간 침묵이 계속되면 가스라이터가 다시 접촉을 시도할 수도 있다. 그럴 때는 경계심을 갖고 주의 깊게 가스라이터를 관찰해야 한다. 그에게서 변화의 증거가 보이는가? 지속적이고 안정적으로 변화하고 있는가? 과거에 자신이 한 잘못을 스스로 인정하는가, 아니면 아무 일도 일어나지 않았던 것처럼 행동하는가? 감정과 의리에 호소하면서 당신을 회유하고 있지는 않은가? 의리는 인간의 고귀한 덕목 중 하나이지만, 무엇보다 중요한 것은 당신 자신에 대한 진실함과 의리다.

강하고 일관적인 태도를 유지하라

처음에는 가스라이터가 없는 삶이 공허하게 느껴질 것이다. 지금까지 가스라이터는 자신의 욕구를 채우기 위해 당신의 삶에서 다른 사람들을 밀어내고 당신의 많은 시간과 관심을 요구했다. 그가 떠나간 공간에서 당신은 공허함과 외로움을 느낄 것이다.

그 감정을 인정하고 수용하고 느끼는 시간이 필요하다. 성급하게 음식이나 쇼핑, 술, 일, 데이트 같은 대체물로 공허함을 채우고 감정을 회피해서는 안 된다. 스스로 변화를 편하게 받아들일 수 있을 때까지 자신에게 연민을 가지고 공허한 감정을 충분히 느껴라.

가스라이터를 다시 당신의 삶에 들이고 싶은 유혹을 가장 크게 느끼는 순간이 바로 이 시점이다. 힘들게 내린 용기 있는 결정을 포기하라고 스스로를 설득할지도 모른다. 그럴 때 자신의 삶을 결정할 수 있는 당신의 권리를 의심하는 부정적인 목소리를 알아차리고 경계해야 한다. 당신은 오히려 가스라이터의 감정을 걱정하며 그의 감정을 상하게 한 자신을 질책할지도 모른다. 그러나 가스라이터의 감정은 당신이 아니라 그 사람 본인이 책임져야 한다. 가스라이터에게 친절할 수는 있지만, 그 친절은 자기애 및 경계와 함께 나 자신으로부터 비롯되어야 한다. 가스라이터가 혼자 남겨진 것은 당신 잘못도, 당신이 책임질 문제도 아니다.

당신이 겪는 심리적 갈등을 가스라이터에게 털어놓는 것은 좋은 방법이 아니다. 그들은 당신의 닫힌 문을 다시 열기 위해 호시탐탐 기회를 노린다. 믿을 수 있는 친구나 심리치료사와 대화하고 상담받는 편이 현명하다. 감정을 글로 쓰거나 명상이나 묵상, 기도로 마음챙김을 하는 것도 좋은 방법이다. 중요한 것은 내면 깊숙한 곳에서 나오는 목소리를 듣는 것이다.

가스라이터와 확실한 거리를 유지하면서 그동안 스스로 억제해 온 삶의 다양한 영역을 즐겨보라. 열정을 탐색하고 자유를 즐겨라. 가스라이터의 저항과 반발, 경계 침범을 예상하고 대비해라. 그와 단절하기로 한 결정이 정당한지 되돌아보거나 흔들리면 안 된다. 단호하게, 일관적으로 대응해야 한다. 필요하면 접근 금지 명령을 고려할 수도 있다. 시간이 지나면 가스라이터의 접근 시도가 줄어들 것이다. 그래도 벽을 허물어서는 안 된다. 냉정하고 확고하게 경계를 유지해야 한다. 그러다 보면 마침내 당신이 세운 장벽이 굳건하게 자리를 잡게 될 것이다.

다음 연습을 통해 당신의 상황과 필요에 맞는 계획을 세워보라.

지금까지 가스라이팅에서 벗어나는 단계에서 부딪히는 다양한 시나리오, 가스라이터와의 접촉을 줄이거나 끝내는 방법을 살펴보았다. 아래의 결정 지도는 어떤 반응이 당신의 시나리오에 적합한지 평가하는 데 도움을 줄 것이다.

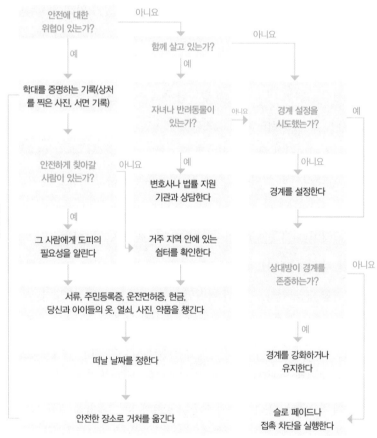

이 질문에 대한 대답은 '예'일 것이다. 그러나 확신이 들지 않는다면, 당신의 벽을 허무는 것이 옳은지 판단하기 위한 다음 질문에 솔직하게 답변해보라. 상대를 평가하는 다섯 가지 질문에 모두 '예'라고 대답한다면 몇 가지 벽을 허물어도 안전할 수 있다. 그러나 천천히 진행하라. 서두를 필요는 없다.

양심의 가책을 보였는가?	예	아니요
구체적으로 잘못을 인정했는가?	예	아니요
실제적이고 개인적인 변화를 증명했는가?	예	아니요
변화된 마음을 나타내는 행동을 했는가? (예: 개인 심리치료, 보상, 금주)	예	아니요
상당한 기간 동안 변화된 행동 패턴을 보였는가?	예	아니요

이별 후의 자기돌봄 계획

당신은 결론을 내렸고 결단했다. 이제 계획을 실행으로 옮기기 전, 이별 후 자기관리에 무엇이 필요한지 생각해보자. 슬픔, 외로움, 불안을 극복하는 데 도움이 되는 일은 무엇인가? 당신을 지지하는 사람들, 성취감을 주는 활동, 당신에게 위안이 될 수 있는 것들을 적어보라.

삶에서 가스라이터와의 접촉을 줄이거나 차단하면 앞을 내다볼 수 있는 여유와 공간이 생길 것이다. 당신은 건강한 관계를 원하고 누려야 하며, 그럴 자격이 있다. 그러나 그런 관계를 만들고 키워나갈 자신감이 부족할지도 모른다. 당신의 마음이 더 많은 것을 원하고 갈망한다면, 고독의 늪에 빠져 웅크리기만 해서는 안 된다.

다음 마지막 장에서는 건강하지 못한 관계의 사이클을 영원히 끊어버리기 위해 건강한 관계의 명확한 정의를 알아보기로 한다.

건강한 관계를 맺고 가스라이팅의 고리 끊기

새로운 가능성을 찾아서

이제 당신은 희망을 품고 미래를 꿈꿀 수 있다. 미래를 내다보며 삶에서 무엇을 키워나갈지 상상할 수 있다. 지금까지는 어쩔 수 없이 원하지 않는 일을 해야 했지만, 지금부터는 당신의 공간에서 당신이 원하는 삶을 펼쳐나갈 수 있다.

이 장에서는 건강한 관계의 특징을 살펴보고 새로운 관계를 키워나갈 가능성과 방법을 알아보자.

전진하라

'전진'이란 당신이 잃어버린 것을 충분히 슬퍼하고, 당신이 세운 경계를 유지하고, 삶에서 원하는 것을 확인한다는 뜻이다. 꿈꾸고 상상하라. 이것은 매우 개인적인 과정이다. 누군가에게 '전진'이란 오랫동안 잠자고 있던 자신의 꿈을 추구하는 일일 수 있다. 또 누군 가에게는 다시 학교로 돌아가 학업을 계속하거나, 새로운 직업을 찾거나, 새로운 취미활동을 탐색하거나, 새로운 친구를 만나 우정을 키우는 일일 수 있다.

이전의 관계를 끝내고 혼자가 된 사람은 자신의 결정이 완벽하게 건강하고 현명한 선택임을 확신해야 한다. 헌신적인 관계를 원한다면 혼자가 된 이후 공허한 마음을 채우기 위해 처음 만난 사람과 성급하게 가까워지려고 하기 쉽다. 그런 유혹에 빠지지 않으려면 계속 내면을 치유하면서 새로운 자아로 거듭나고 성장하기 위한 준비를 해야 한다.

가스라이팅의 고리를 끊어라

연인관계든 플라토닉한 사랑이든, 아니면 특정한 공동체나 종교, 고용과 관련된 관계든 새로운 관계를 시작하기 원한다면 이전과 같은 관계의 늪에 빠지지 않도록 경계해야 한다.《계간 사회심리학 Social Psychology Quarterly》에 발표된 연구에 따르면, 인간은 긍정적이든 부정적이든 자신에 대한 기존의 신념을 확증하는 관계에 이끌리는 경향이 있다. 인지부조화cognitive dissonance, 곧 상충되는 관념에서 비롯된 불편한 감정을 피하려는 본성은 당신이 원하는 건강한 관계에 이끌리는 감정을 압도한다. 다시 말해 익숙한 것에 편안함을 느낀다는 것이다. 학대조차 말이다. 당신에게도 익숙한 것에 강하게 끌리는 본성이 있다는 사실을 인식하는 것이 중요하다. 그런 성향을 인식하고 경계해야 당신을 익숙한 것으로 끌어당기는 중력에 저항하면서 건강한 관계의 패턴을 만들 수 있다. 나아가 자신에 대한 근원적인 사랑을 발견하고 부정적인 자아 개념에서 벗어날 수 있다.

성장기에 정서적 학대를 경험하고, 성인이 되어서도 가족들로부터 지속적인 가스라이팅을 당하고, 친구나 연인과의 관계에서도 비슷한 패턴을 경험했다면, 당신이 아는 인간관계는 정서적 학대의 패턴으로 이루어진 관계뿐일 것이다. 그런 인간관계의 패턴에서 벗어나고 싶다면 그 패턴의 고리를 완전히 끊어버려야 한다. 그러려면 가스라이터의 실체를 규정하고, 가스라이터와의 의존적 관계 패턴을 끊고, 당신이 추구하는 것을 명확하게 인식하고, 건강한 사람들과의 관계 패턴을 확인해야 한다.

가스라이터 식별하기

당신은 가스라이팅으로부터 벗어나기가 얼마나 힘든 일인지 누구보다 잘 알 것이다. 그래서 또다시 가스라이터에게 걸려드는 일은 피하고 싶을 것이다. 지금까지 가스라이팅 전략과 사이클에 관해 배웠고, 내면의 목소리를 듣고 자신의 직관을 존중하는 방법을 이해했다. 그럼에도 새로운 시작의 문턱에서 당신은 불안하고 두려울 것이다. 그러나 당신은 이제 가스라이터를 식별할 수 있고, 위험한 관계가 시작되기 전에 피할 수 있다.

너무 빨리 다가오는 사람은 일단 경계해야 한다. 서두르지 말고 생각할 시간을 가져라. 당신이 무엇에 이끌리고 무엇에 끌리지 않는지 글로 써보는 것도 좋은 방법이다. 친구나 심리상담사와 당신의 감정과 생각을 공유해도 도움이 된다.

당신을 있는 그대로 받아들이지 않고 자기가 원하는 대로 바꾸려고 하는 친구나 데이트 상대는 경계하는 것이 좋다. 당신은 완벽하지 않으며, 아직 다 맞춰지지 않은 모자이크 같은 존재다. 아직 미완성인 당신을 있는 그대로 받아들이는 사람과 함께해야 한다. 건강한 관계에서는 상대방을 조건 없이 수용한다. 그런 평온한 관

당신은 자신의 가치를 알고 있다. 그리고 삶에서 원하는 것과 원하지 않는 것이 무엇인지 알고 있다. 그러나 모든 사람이 당신을 지지하지는 않는다. 이전에 맺고 있던 관계를 떠나든 새로운 관계를 시작하든, 모든 사람을 기쁘게 할 의무는 없다. 다른 사람과 대화할 때 당신은 이미 결정을 내렸고 그 결정에 대해 더 이상 논의하고 싶지 않다는 뜻을 나타내는 명확한 경계를 설정해야 한다. 당신에게는 자신이 존중받지 못하는 대화를 종료할 권한이 있다.

가스라이터와 접촉을 끊기로 한 결정이 사랑하는 다른 사람들에게 영향을 줄 수도 있다. 예를 들어 당신이 보지 않기로 결정한 부모의 형제자매들 말이다. 감정적인 여유가 있다면 그들이 느끼는 감정에 대해 대화를 나누고 싶을 것이다. 그들과 대화하며 공감해주는 것은 좋다. 그러나 그로 인해 자신을 방어하는 힘을 잃어버리거나 고심해서 설정한 경계를 다시 협상 테이블에 올려놓아서는 안 된다. 긍정적인 대화는 당신이 정서적 학대를 받지 않으면서 서로 연결될 방법을 논의하는 생산적인 대화로 이어진다.

당신이 할 일은 감정적·물리적 공간을 보호하는 것이다. 당신에게 모든 사람을 행복하게 할 의무는 없다. 자기 자신을 위해 할 수 있는 방법을 배운 것처럼, 다른 사람들도 스스로 자신의 감정을 해결하도록 배려하는 것이 당신이 할 수 있는 최선이다.

계 안에서 당신은 깊이 뿌리를 내리고 성장하고 강해질 수 있다. 사랑은 쟁취하는 것이 아니다.

당신을 통제하려는 사람과도 거리를 두어야 한다. 성별, 나이, 인종, 지위가 다르다는 이유로 당신을 권위적으로 대하는 사람은 지금 당장은 예의 바르고 정중하게 행동하지만 결국에는 당신을 함부로 대할 가능성이 크다. 당신은 다른 누구와 비교해서 본질적으로 못하거나 부족한 존재가 아니다. 서로 존중하는 평등한 관계, 서로에게 유익한 관계를 기대하고 요구해야 한다.

이 책에서 익힌 기술을 계속 복습하고 적용하라. 어떤 대상에게 충성할 의무는 없다. 당신이 원하지 않는 것을 요구하는 사람에게 친절하지만 단호한 어조로 "고맙지만 사양할게요" "그건 나에게 맞지 않는 것 같아요"라고 말할 수 있어야 한다. 미리 경계를 설정하고 그 경계를 말로 전달하는 연습을 하라. 당신의 출구 전략을 기억하고 당당하게 생각을 표현하라. 당신은 당신이 설정한 경계가 의미하는 자기돌봄을 누릴 권리가 있고, 자신에게 부당한 요구를 거절할 자격이 있다.

매일 연습하라

이 책을 읽으면서 많은 내면 훈련을 수행하고 각각의 연습문제를 완성했다. 날마다 연습하면서 설정한 경계를 강화하라. 또한 그 과정에서 개발한 자기돌봄 계획을 실천하라. 마음속에 자기애와 자긍심, 자신감을 키워나가라. 매일 마음챙김 훈련을 하라. 무엇보다 끝까지 포기하지 않고 끈기 있게 하는 것이 중요하다. 당신은 자신의 행복을 위해 노력할 만한 가치 있는 존재임을 항상 기억하라.

준비가 되면
건강한 관계를 찾아라

모든 포유동물이 그렇듯이 인간은 본질적으로 관계를 추구하는 존재다. 우리는 태어날 때부터 다른 사람에게 의존하고, 안정적인 애착을 통해 성장하며, 고립되거나 방치되면 고통스러워한다. 사람에게는 사람이 필요하다. 당신은 당신에게 중요한 사람으로부터 정신적으로 상처를 입었을지도 모른다. 그런 영향으로 말미암아 친밀한 인간관계를 두려워하거나 혐오하게 되었을 수도 있다. 그렇다면 한동안 혼자 있는 시간이 필요하다. 때로는 침묵이 치유를 위한 좋은 약이다. 그러나 새로운 대상에게 다시 마음 열기를 두려워할 필요는 없다.

연인관계는 대표적으로 가장 큰 기쁨과 친밀감을 주는 관계다. 그러나 연인관계만이 인간에게 본능적으로 필요한 것을 충족시켜주지는 않는다. 새로 사귄 친구, 룸메이트, 멘토, 멘티, 대리 부모, 대리 조부모도 당신에게 기쁨과 친밀감을 줄 수 있다. 다시 새로운 사람들을 만날 마음의 준비가 되었다면 자원봉사나 그룹 수업, 건강한 영적 공동체, 체육관, 동호회, 이웃 모임에 참가해도 좋다. SNS를 관계의 대체 수단이 아니라 관계를 시작하는 디딤돌로 활용하는 것도 고립된 상태에서 벗어나는 방법이다.

앞으로 나아갈 준비가 된 시기를 판단할 수 있는 사람은 당신 자신뿐이다. 마음의 소리에 귀를 기울여보라. 그리고 내면에 싹튼 용기와 고통을 통해 얻어낸 삶의 지혜를 믿어라.

건강한 관계는 어떤 모습일까?

데이비드는 실험실 데이터를 검토하다가 데이터 오류를 발견했다. 그는 상사에게 문제를 알려야 한다는 생각에 속으로 움찔했지만, 데이터 오류는 안전과 직결된 문제였다.

마리아는 데이비드의 보고를 긍정적으로 들어주었고, 오히려 오류를 찾아낸 것을 칭찬했다. 데이비드가 마리아의 방을 나설 때 경영진과 통화하는 마리아의 목소리가 들렸다. 최악의 상황을 예상했지만, 연구가 지연되는 것에 대해 자신이 전적으로 책임지겠다는 마리아의 말에 데이비드는 놀라지 않을 수 없었다.

다음 날 아침 브리핑 시간에 마리아는 원탁에 둘러앉은 팀원들에게 데이비드가 발견한 데이터상 오류를 언급하고 그의 세심한 주의력을 칭찬하면서 다른 팀원들도 집중해서 데이터를 확인하라고 독려했다.

건강한 관계의 특징은 상호존중과 지지, 평등을 기반으로 한 사고방식이다. 건강한 관계에서는 서로에게 친절과 연민을 표현한다. 정직이 기본적으로 내재되어 있기 때문에 정서적 안정감과 신뢰를 느낄 수 있다.

건강한 관계는 결함이 없는 관계가 아니다. 실수를 하거나 상대방에게 불친절한 말을 했을 때 자신의 행동을 진심으로 반성하고, 그 행동에 책임을 지고, 행동의 변화를 보이는 관계다. 그러면 상대방은 잘못한 사람의 행동을 비판하지 않고 용서한다.

건강한 관계에서는 최선의 자기를 만날 수 있다. 상대방과 함께 있을 때 당신은 행복감과 편안함, 자신감을 느낀다. 상대방이 당신을 있는 모습 그대로 받아들인다고 믿기 때문에 평가받거나 비난받을까 봐 두려워하거나 불안해하지 않는다.

댄은 손을 만나는 동안에도 조만간 두 사람의 관계가 끝날 것이라고 생각했다. 댄은 누군가가 정신없이 다가와서는 사랑을 고백하고, 갑자기 자신에게 폭력을 가하거나 자신을 외면하는 관계 패턴에 익숙했다. 상황이 익숙한 대로 흘러가지 않으면 댄은 스스로 이별을 앞당겼다. 댄은 손에게 자신의 치부를 모두 털어놓았다. 손은 그런 댄을 다정한 눈으로 바라보며 이렇게 말했다. "너를 알면 알수록 나는 너를 더 깊이 사랑하게 되는 것 같아."

시간이 흐르면서 댄은 손과의 관계가 이전에 경험했던 관계와 다르다고 느꼈다. 손은 댄이 자신의 정체성을 고백했을 때 그를 거부했던 부모와 달랐다. 이전에 댄이 만났던 신뢰할 수 없는 남자친구들과도 달랐다. 댄이 자신의 이야기를 할 때 손은 진지하게 들어주었고 댄의 장점을 상기시켜주었다. 댄이 울면 안아주었고 그의 고통을 수치스럽게 느끼지 않도록 감싸주었다. 손은 댄의 물리적인 경계를 존중했다. 무엇보다 손은 댄이 안정감을 느끼게 해주었다.

이전에 고통스러운 관계만을 경험했다면, 새로운 관계를 시작할 때 자신이 얼마나 귀중한 보물을 발견했는지 알지 못한다. 건강하고 좋은 관계를 시작할 때도 정신적으로 혼란스러운 상태로 상대방을 만난다. 새로운 관계가 자신의 예상이나 기존 경험과 일치하지 않을 때 관계를 회피하거나, 흥미를 잃거나, 관계 자체를 거부한다. 그러나 자신이 찾아낸 귀한 보물을 알아보고 단단히 붙잡는 현명한 사람도 있다.

우연히 로맨틱한 관계나 플라토닉한 관계에 빠지기를 기다리지 않고 적극적으로 건강한 관계를 찾는 방법은 없을까? 그러기 위해서 필요한 것은 무엇일까?

무엇보다 자신이 무엇을 찾고 있는지 알아야 한다. 여기에는 두 가지 전제가 필요하다. 첫째, 건강한 관계가 어떤 것인지 명확한 개념을 알아야 한다. 둘째, 이상적으로 생각하는 관계의 비전이 있어야 한다. 두 가지 요건의 바탕에는 존중과 사랑의 근본적인 가치에 대한 믿음이 있어야 한다.

위의 두 가지 전제를 기억하면서 당신과 비슷한 생각을 가진 사람들을 만날 수 있는 환경에 다가가보라. 끌리는 사람을 만나더라도 천천히 관계를 시작해야 한다. 건강한 관계는 결코 서두르지 않는다. 성급하게 관계를 진행할 필요가 없다. 직감에 귀를 기울이면서 새로운 사람을 알아가는 과정을 충분히 즐겨라.

공평한 관계

공평함은 건강한 관계의 가장 명확한 지표다. 공평한 관계에서는 양 당사자가 힘을 공유하고 서로를 동등하게 대하고 존중한다. 성별이나 성 정체성, 인종, 연령, 소득, 이민 이력, 가족 배경, 학력, 성적 취향, 그 밖의 다른 특성이나 성향을 기반으로 상대방을 차별하거나 무시하지 않는다. 당신의 과거는 과거일 뿐이며, 약점이 아니다. 공평한 관계에서는 상대방이 당신의 죄책감이나 수치심을 이용해서 당신을 지배하지 않는다.

공평한 관계에서는 한쪽이 노동이나 분업을 일방적으로 떠맡지 않고, 각자의 흥미와 능력을 기반으로 협의하여 일을 동등하게 분배한다. 부부나 공동체 구성원은 동등한 목소리를 낼 수 있고, 의사결정을 할 때 서로의 주장을 경청하고 존중하고 수용한다.

공평한 관계의 사례들

관계에서 공평함은 여러 가지 방식으로 표현된다. 다음 두 가지 이야기는 공평한 관계의 좋은 예다.

다넬은 어머니가 출근 전후에 요리, 청소, 육아 등 집안일을 도맡아 하는 모습을 보면서 자랐다. 학교 모임에 참석하고 아이들을 약속 장소로 데려가는 사람도 늘 어머니였다. 다넬의 아버지는 퇴근하고 나면 저녁식사가 준비되는 동안 TV로 스포츠를 시청했고, 아이들이 규칙을 어기면 벌을 주었다.

다넬은 결혼을 하고 나서부터 아내와 집안일을 함께 하는 새로운 방식을 시도했다. 두 사람은 함께 요리를 하고, 식사 준비에 아이들을 참여시키고, 식사 후에 한 사람이 아이들의 잠자리를 준비하는 동안 교대로 설거지를 했다. 두 사람은 아이를 재우면서 아이와 이야기를 나누고, 아이의 생각을 들어주고, 아이가 더 나은 선택을 하도록 이끌어주고, 잘못된 행동을 고치도록 가르쳐주었다.

• • •

캐터리나는 새로운 관계를 시작하기가 망설여졌다. 루시아와의 우정을 잃고 난 뒤로 정신적으로 방황하고 있었다. 캐터리나는 루시아에게 전화를 걸어서 다른 사람에게 자기 험담을 한 일을 따졌다. 그러자 루시아는 갑자기 SNS에서 캐터리나를 차단해버렸다.

캐터리나는 마이와 함께 동물 보호소에서 자원봉사를 시작했다. 캐터리나는 그곳에서 자신이 항상 웃고 있음을 깨달았다. 만날 약속을 할 때면 마이는 캐터리나에게 어디로 갈지, 어느 날이 좋을지 의견을 구했다. 서로 의견이 일치하지 않을 때도 마이는 진심으로 캐터리나의 생각을 존중해주는 것 같았다. 우정이 깊어질수록 두 친구는 신뢰감이 커졌고, 상대방이 시간이나 공간이 필요할 때 존중해주었다. 캐터리나는 둘의 우정이 깊고 강하다는 것을 확신했다. 마이와의 우정 안에서 그녀는 자신의 솔직한 모습을 발견하고 상대방에게도 자신의 진정한 모습을 보여줄 수 있었다.

공평한 관계의 또 다른 특징은 상호호혜적인 배려다. 상대방은 당신에게 무작정 정서적 지지를 요구하지 않는다. 끊임없이 응원하거나 항상 행복한 표정을 지으라고 강요하지 않는다. 두 사람 모두 자신이 안전함을 알고 감정적인 경험의 모든 부분을 서로 솔직하고 정직하게 공유하며, 상대방의 배려와 연민, 지지를 기대한다.

매일 자신을 돌보라

지금까지 이 책을 읽으면서 가스라이팅의 징후와 사이클을 알아차리는 법을 배웠다. 그리고 자신의 삶에서 지금까지 일어난 일의 진실을 충분히 받아들일 수 있을 만큼 성장했다. 또한 가스라이팅이 준 상처에 대해 분노와 슬픔을 느끼고 그 감정과 싸워왔다. 이전에 당신이 설정했던 경계를 검토하고, 앞으로 당신의 삶을 보호해줄 수 있는 경계를 다시 설정했다. 이제 남은 일은 앞으로 만들어갈 건강한 삶의 모습을 꿈꾸고 상상하는 것이다.

무엇보다 중요한 것은 자신에 대한 사랑을 내면화하는 일이다. 지금 상황에서 당신이 어떤 결정을 내리든지 자신을 우선순위에 놓아야 한다. 꾸준히 자신을 돌보고 자신감을 가지고 계속 성장해나가야 한다. 건강한 관계를 발전시키고 영혼을 채울 수 있는 일에 시간을 투자해야 한다. 당신은 평화를 누리고 사랑받을 자격이 있는 존재임을 항상 기억해야 한다. 그 사랑이 내면으로부터 흘러나와 당신이 가꾸는 삶의 토양에 물과 양분을 줄 것이다.

자신의 권리를 확실하게 강화하고, 가스라이팅이 없는 충만한 삶을 살기 위해 마지막 연습을 해보자.

현재 맺고 있는 관계를 생각해보자. 각 영역에서 한 가지 중요한 관계의 특징에 체크하라. 해당되지 않는 칸은 건너뛰고 다른 영역에서 해당되는 관계의 특징을 체크하면 된다. 각 영역의 관계에서 건강의 긍정적인 지표나 부정적인 지표는 무엇인가? 관계의 즐거움을 키우고, 관계를 개선하기 위해 할 수 있는 일은 무엇인가?

	건강하지 못하다	건강하다	개선 방법
친구			
연인			
부모			
형제자매			
직장			
기타			

이상적으로 생각하는 친구관계나 멘토, 연인관계, 직장 환경을 적어보자. 근래에 당신이 끝낸 관계나 거리를 둔 관계의 유형을 중심으로 생각해보라. 원하지 않는 것이 아니라 원하는 것을 토대로 이상적으로 생각하는 관계를 정의해보라. 예를 들어 '나는 매일 밤 TV만 보는 사람과 함께 있고 싶지 않아'라고 생각하기보다 '나는 모험을 좋아하는 사람과 데이트를 하고 싶어'라고 적극적으로 생각해보라.

　　　　　　　　　　　　　　모든 자료를 한곳에 모으기

마지막 연습은 일지를 쓰면서 그날 일어난 일을 숙고하는 시간을 갖는 것이다. 당신이 끝마친 연습과 글을 읽어보라. 무엇을 배웠는지, 어떻게 성장했는지, 무엇이 달라졌는지 생각해보라. 다음 질문을 읽으면서 마지막 답을 적어보자.

• 자신에 대해 무엇을 배웠는가?
• 나는 어떻게 달라졌는가?
• 나의 삶에서 무엇이 달라졌는가?
• 꾸준히 자기애와 자기돌봄을 실천하고 성장하기 위해 어떤 점에 주력해야 하는가?

나오며

심리치료사로서 상담 시간에 종종 이런 말을 듣는다. "그 사람이 어떻게 나한테 이렇게 할 수 있죠?" 그 사람이 당신에게 저지른 잘못을 이해하는 것은 당신 몫이 아님을 부디 기억하기 바란다. 당신은 절대로 이런 일을 당하면 안 되는 존재이며, 마땅히 사랑받아야 할 존재임을 잊지 마라. 당신은 항상 그런 존재였고, 앞으로도 그럴 것이다. 가스라이팅과 그것이 숨기고 있는 잔혹성은 당신 잘못이 아니다. 원인은 가스라이터 자신과 그의 불안, 자기애, 가학성에 있다.

가스라이터를 변화시키려고 애쓰는 것은 그만둬야 한다. 대신당신 자신 그리고 당신이 원하고 필요로 하는 것을 존중해야 한다. 당신의 고유한 가치를 기억하고 자기애를 가지고 계속 성장해야한다. 바쁜 하루를 보내더라도 매일 자신을 돌보는 일에 시간을 투자해야 한다. 내면에 또다시 스며들어오는 부정적인 말을 경계하고, 그것이 당신을 학대하는 가스라이터의 전략이었음을 잊지 마라. 자신에게 연민을 가지고 부정적인 목소리를 단호하게 물리쳐야 한다.

누군가와의 관계에서 충돌이나 오해가 일어난다고 해서 상대방이 가스라이터라거나 그 관계를 멀리해야 하는 것은 아니다. 적당한 경계를 유지하면서 직관에 귀를 기울이고 당신이 느끼는 감정을 수용하라. 진실하고 믿을 수 있는 친구와 대화를 나누고, 당신의 경험을 글로 써서 혼란스러운 의사소통을 분석하고 이해하라.

이 책을 읽으며 공감되는 내용도 있지만 그렇지 않은 내용도 분명히 있을 것이다. 도움이 되는 내용은 당신의 것으로 만들고 나머지는 무시해도 된다. 가스라이팅은 관계의 유형과 시기, 지속 기간에 따라 양상이 다양하며, 영향력도 개인에 따라 다를 수밖에 없다. 따라서 당신이 경험한 가스라이팅과 그 상처를 회복하는 과정 또한 남들과 다르다는 것을 기억하라. 무엇보다 당신은 고유한 존재이고 당신이 통과하는 여정도 고유함을 잊지 마라.

당신은 사랑과 존중을 받을 자격이 있는 존재다. 그렇지 않다고 속삭이는 경험이나 말은 모두 거짓이다. 이 진실을 확실하게 붙잡아야 한다. 이 진실이 당신이 원하는 삶을 찾고 가꿔나가도록 이끌 것이기에.

권장도서

Black, Claudia. *Repeat after Me: A Workbook for Adult Children Overcoming Dysfunctional Family Systems.* Rev. ed. Las Vegas, NV: Central Recovery Press, 2018.
역기능적인 가족 시스템을 극복하고 상호의존성에서 벗어나기 위한 안내서.

Brown, Brené. *Men, Women, and Worthiness: The Experience of Shame and the Power of Being Enough.* Louisville, CO: Sounds True, 2012.
수치심의 힘에 대한 탐구와 자신이 누구인지에 대한 가치감을 키우기 위한 안내서.

Maté, Gabor. *When the Body Says No: Exploring the Stress-Disease Connection.* Hoboken, NJ: John Wiley & Sons, 2011.
스트레스와 질병의 연관성에 대한 탐구.

Moreland, Mike. *EFT Tapping: Quick and Simple Exercises to De-stress, Re-energize and Overcome Emotional Problems Using Emotional Freedom Technique.* Scotts Valley, CA: CreateSpace, 2014.
감정적 과부하를 줄이고 관리하기 위해 두드리기 기술을 사용하는 방법에 대한 안내서.

Shapiro, Francine. *Getting Past Your Past: Take Control of Your Life with Self-Help Techniques from EMDR Therapy.* New York: Rodale, 2012.
정서적 자유를 얻기 위해 가정에서 사용할 수 있는 적응형 기법이 포함된 EMDR 치료법에 대한 소개.

Tawwab, Nedra Glover. *Set Boundaries, Find Peace: A Guide to Reclaiming Yourself.* New York: TarcherPerigee, 2021.
경계와 경계를 설정하는 방법에 대한 소개.

Van der Kolk, Bessel A. *The Body Keeps the Score: Brain, Mind, and Body in the Healing of Trauma.* New York: Penguin Books, 2015.
처리되지 않은 트라우마가 신체를 통해 어떻게 드러나는지, 그리고 전체적인 건강을 위해 트라우마를 해결하는 것이 얼마나 시급한지에 대한 연구.

참고문헌

American Psychiatric Association. *Diagnostic and Statistical Manual of Mental Disorders*. 5th ed. Arlington, VA: American Psychiatric Association, 2013.

Carney, Michelle Mohr, and John R. Barner. "Prevalence of Partner Abuse: Rates of Emotional Abuse and Control." Partner Abuse 3, no. 3 (2012): 286 – 335. doi.org/10.1891/1946-6560.3.3.286.

Eastwick, Paul W., Eli J. Finkel, Tamar Krishnamurti, and George Loewenstein. "Mispredicting Distress Following Romantic Breakup: Revealing the Time Course of the Affective Forecasting Error." *Journal of Experimental Social Psychology* 44, no. 3 (May 2008): 800 – 807. doi.org/10.1016/j.jesp.2007.07.001.

Felitti, Vincent J., Robert F. Anda, Dale Nordenberg, David F. Williamson, Alison M. Spitz, Valerie Edwards, Mary P. Koss, and James S. Marks. "Relationship of Childhood Abuse and Household Dysfunction to Many of the Leading Causes of Death in Adults: The Adverse Childhood Experiences (ACE) Study." *American Journal of Preventive Medicine* 14, no. 4 (1998): 245 – 58. doi.org/10.1016/S0749-3797(98)00017-8.

Grand, David. *Brainspotting: The Revolutionary New Therapy for Rapid and Effective Change*. Boulder, CO: Sounds True, 2013.

Harris, Russ. *The Complete Set of Client Handouts and Worksheets from ACT Books*. 2014. TheHappinessTrap.com/upimages/Complete_Worksheets_2014.pdf.

Kidd, Ian James, José Medina, and Gaile Pohlhaus, Jr., eds. *The Routledge Handbook of Epistemic Injustice*. Routledge Handbooks in Philosophy. London and New York: Routledge, 2017.

Riggs, Damien W., and Clare Bartholomaeus. "Gaslighting in the Context of Clinical Interactions with Parents of Transgender Children." *Sexual and Relationship Therapy* 33, no 4 (2018): 382 – 94. doi.org/10.1080/14681994.2018.1444274.

Robinson, Dawn T., and Lynn Smith-Lovin. "Selective Interaction as a Strategy for Identity Maintenance: An Affect Control Model." *Social Psychology Quarterly* 55, no. 1 (March 1992): 12 – 28. jstor.org/stable/2786683.

Siegel, Daniel J. *The Developing Mind: Toward a Neurobiology of Interpersonal Experience.* New York: Guilford Press, 1999.

_____. *Mindsight: The New Science of Personal Transformation.* New York: Bantam, 2010.

Sweet, Paige L. "The Sociology of Gaslighting." *American Sociological Review* 84, no. 5 (October 2019): 851 – 75. doi.org/10.1177/0003122419874843.

Walker, Pete. *The Tao of Fully Feeling: Harvesting Forgiveness out of Blame.* Lafayette, CA: Azure Coyote, 1995.